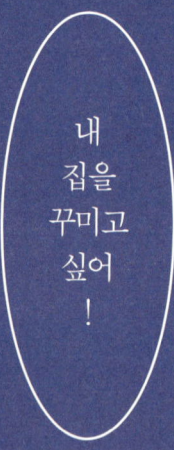

내
집을
꾸미고
싶어
!

값비싼 가구나 거창한 리모델링,
고급스러운 스타일이 아니더라도
약간의 스타일링만 바꾸어
내 취향이 담긴 공간에서 생활을 즐길 수 있어요.
무리하지 않고 계절을 느끼면서
나만의 공간을 가꾸고 꾸민 그런 집에서
나의 하루를 좀 더 의미 있고
따듯하게 보낼 수 있을 거예요.
- 이소발 작가의 글 중에서 -

내가 꿈꾸는 그런 집

집 가꾸는
그림 작가 이소발의
주택 셀프 인테리어 &
리모델링북

그림·글 이소발

BM 성안북스

어떤 집을 꿈꾸세요?

싱그런 식탁이 있는 풍경은 상상만 해도 행복해져요!

머물고 싶은 포근하고 아늑한 거실은 어때요?

아주 가끔은 꽃이 있는 풍경도 아름답고 사랑스럽죠!

아파트 라이프에서
30년 된 다가구 주택으로의 이사,
그리고 반셀프 인테리어와 리모델링!
주택 라이프스타일로 사는
201호, 그런 집 이야기 들어 보실래요?

201호를 소개합니다.

집을 열고 들어 가면…….

중문에서 바라본 저의 집 안이에요.

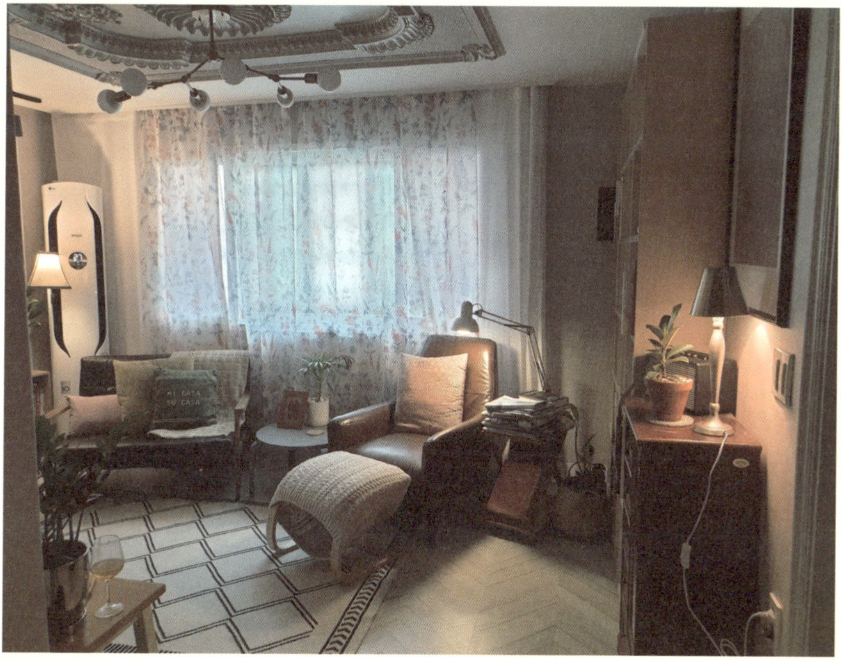

after

나의 취향으로 꾸민
아늑하고 편해 보이는 거실

집 안을 살펴보며 리모델링 전과 후가 어떻게 바뀌었는지 살짝 보기로 해요.

before

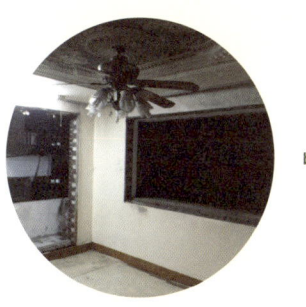

한쪽 벽면을 채운 책장, 앉아서 쉬고 싶은 의자, 분위기를 연출해주는 스탠드,
감성이 돋보이는 그림 한 점…….
한 가지 스타일이기 보다는 빈티지 믹스매치 스타일을 추구하는 나의 공간

after

부엌도 살펴볼까요?

before

내가 살고 싶은 집
그런 집 이야기

목차

Prologue
#1 그런 집 이야기 21
#2 나의 처음 집 24
#3 집은 사랑받을 자격이 있다 31

PART 1

나의 집을 꾸며주고 싶어
: 소소한 소품으로 꾸며주는 그런 집

#1	개성이 담긴 현관	36
#2	쉼이 있는 창가	41
#3	거실의 얼굴마담, 소파	46
#4	봄, 밝고 화사하게	52
#5	여름, 밝고 시원하게	57
#6	가을, 집에 분위기 입히기	63
#7	겨울, 따뜻한 집 만들기	66
	〔참고 페이지〕나만의 패브릭으로 집을 꾸미는 방법	73
#8	가끔은 기분 전환, 식탁보	77
#9	침실의 주인공, 폭신한 침구	82
#10	나만의 개성 있는 집을 만드는 방법	89
#11	한번쯤, 벽에 작품을 걸어 보세요	94
#12	버리지 말고 리폼하세요	101
	〔참고 페이지〕개성 있고 가성비 좋은 패브릭을 구입할 수 있는 곳	107
#13	엄마의 마음이 담긴 아이 방 꾸미기	111
	〔참고 페이지〕개성 있고 가성비 좋은 가구들을 만날 수 있는 곳	116

PART 2

집이 들려주는 이야기
: 알고 있으면 좋은 매력적인 그런 집

#1	좋은 기운을 불러오는 풍수지리 인테리어	122
#2	풍수지리 인테리어로 재물운을 쌓아보세요	126
#3	간단히 실천하는 집에 좋은 풍수지리 인테리어	130
	〔참고 페이지〕 집에 좋은 기운을 가져다주는 물건	135
#4	한번쯤은 꿈꿔보는 잡지 속의 집들	138
#5	오래된 집의 매력을 담은 책, 빈티지 홈	146
#6	직접 꾸미고 만들어서 더 아름다운 타샤 튜더의 집	150
#7	가지고 싶은 그녀들의 부엌	159
#8	영화「You've got mail」의 매력적인 뉴욕의 가을	165
#9	뉴욕의 겨울, 포근한 공간들이 매력적인 영화「Maggie's plan」	171
#10	집에 대한 꿈을 심어준 캐나다 가정집 "그이도와 올리브의 집"	177

PART 3

집은 꾸미고 아껴주는 것이다
: 셀프 인테리어와 리모델링으로 내가 만드는 그런 집

#1	지친 나에게 위로가 된 인테리어 디자인	188
#2	아파트에서 30년 된 주택으로의 이사 & 반셀프 리모델링 도전	191
#3	주택으로의 이사 준비	197
#4	주택 반셀프 인테리어(1) **시작_ 철거, 새시, 디자인 계획**	204
#5	주택 반셀프 인테리어(2) **내부 칠 페인팅과 현관문 바꿔 달기**	212
#6	주택 반셀프 인테리어(3) **타일, 그리고 화장실**	218
#7	주택 반셀프 인테리어(4) **셀프 중문**	222
#8	주택 반셀프 인테리어(5) **셀프 부엌**	225
#9	주택 반셀프 인테리어(6) **공간이 풍요로워지는 벽지**	230
#10	주택 반셀프 인테리어(7) **전체적인 분위기를 책임지는 바닥**	238
#11	주택 반셀프 인테리어(8) **마무리, 전기 조명 공사**	243
	〔참고 페이지〕 이소발의 셀프 인테리어 순서 꿀팁	250

PART 4

집은 나를 꿈꾸게 한다
: 주택에서의 삶, 그린 집

#1	내가 '다가구' 주택을 선택한 이유	256
#2	네가 할 수 있겠니?	263
#3	우리, 돈 없어요. 조금 더 원했을 뿐이죠!	266
[참고 페이지] 집은 나에게 돈을 벌어다 준다 집을 효율적으로 이용하는 방법		270
#4	부지런해지는 주택에서의 삶	272
#5	집 관리, 깨끗하고 투명하게	276
#6	주택이라 불안한 내 마음, CCTV로 해결하다	279
#7	누수, 해결할 수 있는 거죠?	281
#8	젊어서 고생 사서 한다는데, 정말 사버렸네요	283
#9	주택에서만 느낄 수 있는 낭만적인 운치	286
#10	남자의 로망, 프라이빗 옥상	289
#11	집은 우리를 꿈꾸게 한다	293

Prologue #1

그런 집 이야기

당신이 꿈꾸고 있는 집은 어떤 집인가요?

따사로움이 있는 창가,

포근하고 아늑해 보이는 거실,

푸르른 정원이 있는 그런 집,

프롤로그 #1

힐링이 되는 테라스가 있는 집은 아닐까요?

눈으로만 보아도 행복함이 느껴지는 집의 부분 부분들.

아끼고 가꾸면서 사는,
살고 싶은 그런 집 이야기가 펼쳐집니다.

Prologue #2

나의 처음 집

비가 오는 날이면 …….

비 오는 소리가 좋았던, 살랑살랑 나무가 보였던,
저층의 작은 내 처음 집이 생각나요.
20년이 훌쩍 넘은 아파트.
그 덕에 20년 훌쩍 넘은 나무들에 둘러싸여 있는 그런 집.
엘리베이터도 없는 아파트 2층의 작은 평수.
우연히 집이 비게 되어 싼값에 1년 정도 머무를 수 있었던
그런 집이었어요.

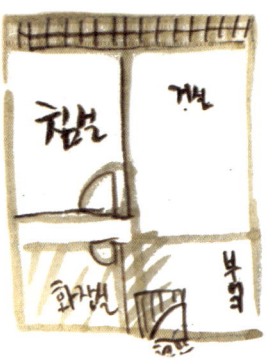

방 하나, 화장실 하나 거실 하나, 부엌 하나로 이루어진 그 집은 세련된
새시 대신 낡은 나무문이 있는 집이었어요.
거실을 그림 그리는 작업실 겸 서재,
만남의 장소로 꾸미기로 마음을 먹은 후,

맨 처음 나름의 거금을 들여
아현동 가구 단지에 가서
파아란 소파를 샀어요.

그리고 우연히 이사 간 사람이 버린
너무나 다리가 예쁜 테이블.

여러 인터넷 사이트를 뒤져서 구입한
노란색 제도용 스탠드를 올려놓고

동대문 시장에서 산
연베이지 빛깔의 테이블보를 덮었습니다.

또 어느 날 우연히 재활용 코너에서
너무나 예쁜 곡선의 원목 의자를 들이고

지지대겸 수납 역할을 하는
공간 박스 위에
나의 그림을 세워 장식도 했어요.

여기저기 내 힘이 닿는 한
모아 모아서 꾸민
나만의 처음 집.

처음 살아보는 저층의 집에서는
비가 오면
비가 땅에 떨어지는 소리가 들리고,
바람이 불면 나뭇잎들이
살랑거리는 소리가 들립니다.
그림을 그리고, 내 손님을 맞고,
나만의 추억을 쌓으며 지냈답니다.
아직도 아련히 생각나는 나의 처음 집.

처음으로 자신의 공간이 생긴다면 어떻게 꾸미고 싶으세요?
예뻐 보이는 물건들로 공간을 채우면
내 취향이 담긴 공간이 만들어질까요?
제일 처음 나의 공간을 꾸밀 때 가장 중요하게 생각했던 것은
내 공간에 넣는 소품 하나하나가 나와 어울리는지,
또 이 공간과 어울리고 내가 사랑할 수 있는 물건인지
한 번쯤 생각해 보았어요.

공간의 짜임에는
자신의 라이프 스타일을 맞추어 꾸미는 것이 중요해요.
예를 들면 잠이 중요하고 침실에 있는 걸 즐겨한다면
침실을 넓게 꾸미고,

저처럼 친구들과 만남 혹은 작업을 하는 사람은
거실을 큰 테이블로 꾸미는 거죠.

훗날, 당신에게 독립된 공간이 생긴다면 삶이 바쁘더라도
어떤 방식이든 처음으로 생긴 내 공간을 소중하게 꾸며보세요.
자신만의 독립 공간을 돌아보고
거창한 리모델링이나 값비싼 인테리어가 아니더라도
조금만 신경 써서 내가 좋아하는 스타일의 조명, 소품 같은 작은
인테리어 요소로 톡톡 건드려 줘도 훨씬 분위기가 좋아지는 걸 느낄 수 있어요.

그러면 흔히 볼 수 있는 누군가의 방과 비슷했던 나의 독립 공간이
내 취향이 담긴 개성 있는 공간으로 바뀌어 갈 거예요.

나를 사랑하듯이 나의 처음 공간을 많이 사랑해 주세요.
언젠가는 나의 처음 집이 소중한 추억이 될 테니까요.

Prologue #3

집은 사랑받을 자격이 있다

긴 터널 같았던 전세살이 끝에 얻게 된
나의 집은 너무나 소중했습니다.
내 마음대로 꾸미고 가꿀 수 있다는 것이
큰 기쁨이었지요.

내 집이 소중한 만큼 집을 얻을 때마다
아끼고 사랑해 주기로 마음먹었습니다.
너와 함께하는 삶이 행복하다고,
나에게 좋은 집이 되어주어서 고맙다고,
매주 집의 벽에 기대어 말을 걸었습니다.

프롤로그 #3

집은 사람처럼 말을 하고 생각하지는 않지만,
집을 이루고 있는 것들은 우리도 모르게 수축과 팽창을 하면서
살아 움직이는 생물입니다.
그러면서 집은 계절과 시간을 온몸으로 느끼며
우리에게 안락한 공간을 제공해주고 있습니다.

만물이 변하는 이 세상에서 우리는 집과
함께 살아가고 있습니다.
저는 이렇게 고마운 집에게 우리가 해야 할 일이 있다고 생각합니다.
그것은 바로 집을 가족처럼 아끼고 사랑하며,
함께 살아가는 것입니다.

계절이 바뀌면 꽃들이 옷을 갈아입고,
미용하며 자신만의 스타일을 꾸미듯이,
집도 똑같이 계절이 바뀌고 시간이 지날수록
그에 맞게 변화를 주어야 한다고 생각합니다.

즉, 우리는 집에게 사랑과 생명을 주고,
집은 쉼과 회복을 제공하는
상호 작용을 하는 그런 관계가 되어야 합니다.

이런 상호관계가 이어지는 집은
그곳에 사는 사람에게 행복의 공간이 됩니다.
삶에서 우리가 머무는 곳을 제공하는 고마운 집.
그것만으로도 집은 사랑받을 자격이 있습니다.

소소한
소품으로
꾸며주는
그런 집

PART 1

나의 집을 꾸며주고 싶어

#1

개성이 담긴 현관

흔히 현관이라고 하면, 무엇이 떠오르세요?
신발장, 타일, 거울 정도가 떠오르시나요?

우리의 삶은 다양한데
항상 마주하는 현관은
유독 비슷비슷한 것 같아요.

신발을 신고 벗는 곳,
그 기능만으로는 너무 삭막한 현관에
간단한 소품 등으로 가족의 개성을
담아보는 건 어떨까요?

가족도, 손님도,
가장 먼저 '그 집'을 마주하는 곳이
현관이니까요.

현관을 소소하게 꾸미는 방법

1   우선 현관문에 좋은 소리가 나는 종을 달아 봅니다.
풍수지리학적으로도 문을 여닫을 때 좋은 소리가
나면 집에 좋은 기운을 몰고 온다고 해요.

2   현관문 바깥에 리스를 걸어 우리 집 대문을 환하게
만들어 봅니다. 이렇게 하면 퇴근 후 지친 마음으로
현관문을 열려고 할 때마다 푸르른 리스의 기운이
당신을 북돋아 줄 거예요.

3   현관문 중문 손잡이에 말린 꽃을 걸어 놓아 봅니다.
말린 꽃들은 은은한 행복의 기운을 가지고 있어서
보는 이를 흐뭇하게 하죠. 매일 아침 전쟁 같은 바깥
세상으로 나갈 때 손잡이에 걸린 꽃을 보며
미소를 살짝 띨 수 있을 거예요.
이런 작은 변화가 우리 집 현관을 다른 곳과는 다르게
만들어 줍니다.

4   또 다른 방법으로 가족 구성원의 특징을 살려
현관을 꾸며 봅니다.

남는 벽이 있다면 고리나 선반을 달아 우리 집에서 오래된 것,
또는 가족들이 아끼는 그런 것들을 조금씩 진열하는 거예요.
작은 고리에는 엄마가 장 볼 때마다 필요한 에코백, 딸이 매일 들고
다니는 학교 보조 주머니 등을 걸어 놓으면 우리 생활에 도움도 되고,
툭툭 걸린 것이 예쁘기도 합니다.

작은 선반에는 가족과 함께 갔던 그 바다에서 가져온 소라껍데기를
놓아도 되고, 예쁜 화분도 좋고, 작은 액자에 넣은 가족 사진까지
좋은 소품이 될 수 있어요.
현관에 우리 가족이 좋아하는 물건으로 장식하여
가족의 개성을 담아 보는 겁니다.

소소하게 개성을 담은 이 공간은 매일 우리에게 인사를 하겠죠.
예전보다 더 따뜻한 모습으로…….

"안녕, 여기서부터는 너의 집이야."
"잘 다녀와."

PART 1 나의 집을 꾸며주고 싶어

#2

쉼이 있는 창가

저는 창가를 좋아합니다.
따뜻한 햇살도 들어오고
밖을 바라볼 수도 있는 곳이기도 하며
불어오는 바람을 막을 수도 있으니까요.

여러분은 창가를 어떻게 활용하세요?

창가를 활용하는 방법

제가 생각하는 창가를 잘 활용하는 방법은
창가에 책상을 놓아 자연의 빛을 받고,
바람을 느끼면서 작업을 하는 것이지요.

미드 「섹스 앤 더 시티」에서
캐리의 책상도
창가를 보고 있었어요.

저 또한 캐리처럼 항상 작업실 책상은
창가를 바라보게 한답니다.
왠지 집중이 더 잘 되는 느낌이 듭니다.

만약 창가가 삭막하다면 창문 아랫부분에
선반을 달아서 녹색 식물들을 나열해 놓는 거예요.
이것만으로도 분위기가 확 달라짐을 느낄 겁니다.

아이 방의 창가라면 창문의 높이에 맞추어
책장을 배치하고, 그 위에 재미있는
장난감들을 놓아보세요.

창가로 들어오는 빛 때문에 만들어지는
장난감들의 그림자를 보는 재미가 쏠쏠합니다.

쉼이 있는 창가를 꾸며보세요.

창가를 가장 잘 활용하는 방법은
뭐니 뭐니 해도 소파에 누워서
창가 앞으로 불어오는 바람을 맞는 것.
따뜻한 햇살을 받을 수 있다는 것.
즉 최고의 공간은 창가 옆에
쉼이 있는 공간입니다.

PART 1 나의 집을 꾸며주고 싶어

편안한 소파, 베고 싶은 쿠션들,
바람이 조금 쌀쌀하다고 느낄 때 덮을 수 있는 무릎 담요…….

아, 저 소파에 앉아서 쉬고 싶다!

#3

거실의 얼굴마담, 소파

저는 소파가 없는 거실을 상상해 본 적이 없어요.

거실은 가족들의 공용 공간이자,
모두가 어울려 편하게 쉴 수 있는 곳입니다.

요즘 거실은 TV를 보면서 쉬거나
책상을 놓고 여러모로 사용하는 경우가 많지요.

물론 소파가 없고,
홈 카페처럼 사용하는 분들도 있습니다.
여기에도 한쪽에 있는 의자를 소파로 바꾸면,
조금 더 편한 공간이 되지요.

PART 1 나의 집을 꾸며주고 싶어

저는 소파가 없는 거실을
상상해 본 적이 없어요.

한쪽 의자를 소파로 바꾸면
좀 더 편한 공간이 되지요.

창가의 작은 정원을
만들어도 좋아요.

거실에 굳이 테이블이 필요 없다면 소파 옆 작은 정원을 만들어도 좋아요.
소파에 앉아서 쉬면서 푸르른 공기를 내 거실에서 느낄 수 있답니다.

소파의 위치를 TV 맞은편에만 놓으세요?
소파의 위치를 조금만 바꿔도 많은 변화가 생긴답니다.

소파의 위치 바꿔 보기

첫째,
소파를 벽에서 떼어내고 그 뒤에 긴 테이블을 놓아보세요.
그 테이블에 거실에서 필요한 작은 것들을 소소하게 올려놓으면
금방 가치 있는 공간으로 바뀝니다.

소파를 벽에서 떼어내고
뒤에 테이블로 장식해 보세요.

둘째,
거실에 공간이 조금 더 있다면 소파 뒤에 테이블을 놓아서
홈 오피스를 거실 한쪽에 꾸며도 좋아요. 노트북으로 자신의
할 일을 하면서 소파에서 노는 아이와 눈을 맞출 수도 있답니다.

소파를 벽에서 떼어내고
뒤쪽으로 홈 오피스를 꾸며보세요.

셋째,
소파를 큰 창가에 두고 1인용 개성 있는 소파들을 함께 두면,
앞에 놓인 TV를 보는 것보다 마주 앉아 수다를 떨고 싶어지는
그런 거실이 될 거예요.

소파를 과감하게
창가 쪽으로 옮겨보세요.

넷째,
소파를 현관과 거실의 공간을 나누는 방법으로 쓰면 어떨까요?
가벽과 중문 대신 소파의 넓은 등판이 공간을 구분 지어 줄 거예요.

소파로 공간을
분리해 보세요.

PART 1 나의 집을 꾸며주고 싶어

어때요? 소파 없는 거실이 상상이 되나요?

"소파야, 오늘도 쉼을 부탁해!"

#4

봄, 밝고 화사하게

춥고 움츠렸던 겨울이 가고
따뜻한 봄이 오면 살랑살랑 기분이 좋아집니다.

새싹이 하나씩 올라오는 이때에 기분도 새로워지듯이
우리가 봄옷으로 갈아입듯 우리 집도 겨울의 집에서 봄의 집으로
새로 꾸며야 하지 않을까요? 봄에는 꽃무늬, 파스텔 색의 잔잔한 무늬,
따뜻하면서도 산뜻한 느낌이 생각납니다. 집을 꾸밀 때
저는 그 계절의 색을 생각하는데, 제가 생각하는 봄의 색은
핑크 혹은 피치, 파스텔 톤의 민트색 정도가 떠오릅니다.

PART 1 나의 집을 꾸며주고 싶어

봄의 색들

봄처럼 화사하고 예쁜 색들이죠.
봄에 꽃들이 피어날 때 함께 떠오르는 그런 색들……
분홍의 꽃들처럼 분홍분홍한 거실을 만들어 볼까요?

겨우내 집을 따뜻하게 감싸주었던 무거운 색감의 암막 커튼을 떼고
분홍색이 들어간 꽃무늬 커튼을 달아요. 쿠션 커버도 커튼에 있는
색감으로 이루어진 것으로 매치해서 바꾸고 베이지, 흰색의 바탕색을
곳곳에 매치해 집의 분위기를 밝고 화사하게 변신시켜 줍니다.
아직 피지 않은 봄의 꽃들이 집에 들어온 기분이 들 거예요.

핑크톤이 주인공인
거실의 팔레트

여기서 잠깐!

집의 패브릭을 바꿀 때 패턴이 있는 화려한 패브릭을 매치하기 힘들어 원색의 패브릭이나 체크 정도의 패턴 패브릭으로 집을 꾸미고 지냈다면, 여기 하나의 팁을 드릴게요.

커튼이나 러그같이 크기가 큰 홈 패브릭의 패턴을 자신이 원하는 것으로 자유롭게 고르세요. 그 패턴 안에 내가 집에 넣고 싶은 주제의 색이 있으면 좋겠죠. 앞서 말한 분홍색처럼요.
그리고는 작은 패브릭(쿠션 커버, 테이블보)과 소품들(작은 화병, 티슈 커버 등)의 색을 큰 패브릭의 패턴에 담긴 색으로 매치해서 구매해 보세요. 그리고 그것들을 한 공간에서 강약을 주어 배치하면 별일 아닌 듯하지만 집 안의 분위기와 색이 바뀐답니다.

분홍색과 조금 비슷하면서 다른 톤을 원한다면 색의 온도가 조금은 다른 피치 계열의 꽃무늬를 추천합니다.

피치색은 분홍색보다 약간 더 오렌지빛이 도는 색입니다. 톤이 조금 떨어진 피치색은 세련되어 보이면서 봄의 꽃처럼 밝고 화사함은 그대로 가지고 있는 색이랍니다.

특히 피치색은 녹색과도 잘 어울려요. 피치색과 청녹색 계열이 조화롭게 이루어진 커튼을 달고, 베이지 바탕의 패브릭이나 소품 색으로 배치해 보세요. 군데군데 피치색이나 녹색이 있는 것들도 좋겠죠. 공간에 통일성을 더할 테니까요.

핑크톤이 주인공인 거실의 팔레트

세련되면서 아름다운 피치색이 겨울의 집 안 분위기를 봄의 분위기로 싹 바꿔줄 거예요. 분홍이나 피치색이 나에게는 너무 부담스럽다 하는 분들은 민트색과 화이트색이 어울리는 집으로 바꿀 수 있습니다. 잔잔한 풀잎들이 생각나도록 말이죠. 색은 다양하니까, 나의 취향대로 집을 꾸며서 봄을 맞이해 보세요.

아, 이건 제가 매년 봄마다 하는 일인데요. 봄의 집을 꾸밀 때 집에 매치한 패브릭에 어울리는 색의 진짜 꽃을 사 와서 꽃병에 꽂아두는 거예요. 집 안에 꽃을 두는 작은 사치, 특별한 날은 아니지만 그래도 1년에 가장 아름다운 계절이니까.
나를 위해서, 또 봄의 집을 위해서……

그러면 향긋한 향기와 함께
집의 전체적인 분위기가 화사하게
봄으로 바뀔 거예요.

이렇게 바뀐 아름다운 봄의 집은 겨울의 집과는 또 다른 매력이 있죠.
내가 가꾸고 꾸민 집에서 행복을 느끼며 지내요.
봄의 꽃처럼 화사하고 아름답게.

#5

여름, 밝고 시원하게

여름하면 '더위'가 가장 먼저 생각나지요.
무더운 여름, 홈패브릭과 소품만으로 집을 시원한 느낌으로 꾸며 볼까요.
제가 생각하는 여름의 집 꾸미기에 쓰이는 색은
초록, 파랑, 노란색이에요.

초록색은 푸른 잎들을 떠올리게 하죠. 초록의 풀들이 살랑거리는 시원한 들판에 있는 느낌이 상상됩니다.
저는 여름이 되면 초록색을 주제의 색으로 정하고 패브릭을 바꿔요.

청량하지만 촌스럽지 않은 채도의 초록 커튼과 예쁜 패턴의 흰 레이스 커튼을 매치시킵니다.
그리고 대담한 잎사귀가 패턴으로 이루어진 초록 계열의 패브릭과 회색, 흰색, 옅은 초록 등이 적절히 섞인 패턴과 단색의 패브릭으로 이루어진 쿠션 커버들로 바꾸어 줍니다.
조금은 어두운 소파를 가졌다면, 여름부터는 얇은 거즈면이나 리넨 면 소재의 천으로 소파를 덮어서 커버로 사용해 주세요.

소파에 앉을 때마다 이런 커버의 까실한 부분이 피부에 닿으면서 더 시원하게 느껴질 거예요. 거실의 터줏대감 소파가 밝아지면서 거실 전체 분위기가 확 밝아진답니다.
그리고 여름의 식물들로 집을 장식해 주세요. 행잉 식물도 좋고 선인장도 좋아요. '여름' 하면 생각나는 라탄 소재들을 집에 가져와서 지저분한 것들을 담는 바구니로 쓰거나 벽에 무심히 걸어 예쁘게 소품으로 빛나게 해 주세요.

짠! 어때요? 집이 시원해 보이지 않나요?
예쁜 화분들과 매치된 패브릭이 마치 여름에 새로 단장한 예쁜 카페에 온 기분이 듭니다.

PART 1 나의 집을 꾸며주고 싶어

초록 계열이 주제가 된 여름의 팔레트

또 다른 색으로 여름의 집을 꾸미는 방법을 이야기해 볼게요.

비치 하우스(Beach House)라고 들어 보셨나요? 해변 근처의 휴양지에 있는 집들을 일컫는 말이죠. 이런 비치 하우스처럼 '바닷가' 하면 딱 떠오르는 푸른색으로 꾸미는 방법이에요.

우선 시원한 푸른색이 들어간 큼직한 패턴의 러그를 깔고, 러그에 섞여 있는 색으로 쿠션 커버들을 골라서 매치해 주세요. 커튼은 크고 시원한 패턴으로 바꾸어 줍니다. 혹시 앞서 깐 러그가 화려하다면 단색의 시원한 느낌의 커튼들도 좋아요. 여름의 커튼에서 중요한 것은 얇고 하늘거리는 재질이에요. 시원한 느낌이 드는 리넨 면의 커튼은 집에 멋스러움을 안겨 주죠.

푸른색으로 집을 꾸밀 때 다 같은 푸른색 계열로 꾸미기보다는 중간중간 보색(반대되는 색)으로 노란색을 끼워 줍니다. 노란색이 파란색의 청량함을 더욱 돋보이게 하는 보색 대비가 되어서 집이 더 시원하고 세련되게 느껴진답니다.

또한 집에 파란 화병이나 조개껍데기 같은 바다가 연상되는 소품을 매치해서 청량한 느낌을 주어도 좋아요. 주변에 그림들도 색을 맞추어 푸른색이 가미되어 있는 그림들로 매치해 주면 정말 시원한 해변의 집 같은 거실이 완성됩니다.

PART 1 나의 집을 꾸며주고 싶어

노란 계열과 파란 계열이 섞인 여름의 팔레트

여름의 색상과 소품으로 꾸민 팔레트

저기 거실 테이블 유리병에 담아 놓은 조개껍데기들을 보니 도심 속 우리 집을 해변에 옮겨 놓은 그런 느낌이 들어요.

몹시 더운 여름에 시원함이 담긴 초록색과 바다가 떠오르는 푸른색으로 집에 변화를 주어 보세요. 더운 날씨는 바뀌지 않겠지만 내 눈과 기분이라도 시원하고 푸르게 만들면 좋잖아요. 그러면 여름이 조금 덜 덥게 느껴질 거예요.

#6
가을, 집에 분위기 입히기

무더운 여름을 보내다 보면 문득 그리워지는 시원한 바람…….
그렇게 그리워하다 보면,
가을이 눈앞에 와 있는 것을 느낄 수 있어요.
볼에 맞닿는 바람이 시원하게 느껴지면 집에 가을의 분위기를 입혀줄
때입니다.

'가을' 하면 우리 머릿속에 떠오르는 공통적인 색이 있지 않을까요?
낙엽색, 노랑, 빨강, 갈색 등의 나뭇잎이 가진 가을의 색이죠.
이런 계통의 색을 집에 넣어 가을 분위기로 바꿔 줄 거예요.
푸르고 초록초록한 색들이 있는 여름의 집에서 가을의 집으로
입혀주세요.

커튼 색을 베이지와 가을의 색이 담겨 있는
패턴으로 바꾸고, 바탕이 되었던
흰색 커튼을 조금 더 따뜻함을 담고 있는
베이지색 커튼으로 바꾸어 주세요.
갑자기 창가 쪽의 분위기가 확 바뀌는 것을 알 수 있습니다.

이 커튼에 담겨 있는 색들과 같은 쿠션 커버로 진열을 하고,
러그는 조금 더 톤이 진한 베이지나 갈색의 러그로 바꿔보세요.

또한 여름에 덮어 두었던 소파 커버를 없애고 진한 소파의 색이
패브릭의 색과 어우러지게 해주세요. 시원해 보였던 집의 소품들도
길에서 주어온 솔방울, 나무의 결이 느껴지는 접시나 화분,
가을의 색이 담겨 있는 액자 등으로 바꾸어 주세요.

갈색을 주제로 한 가을의 팔레트

정말, 별일 아닌 듯하지만 작은 노력으로
집의 분위기가 달라진 것을 느끼게 될 거예요.

패브릭과 소품을 바꾸고 집을 싹 둘러본 다음,
창을 살짝 열어 놓고 가을의 바람을 맞으면서
집 안에 가을의 공기를 들여놓으면 끝입니다.

열심히 집을 위해 일을 한 나는 소파에서 조금 쉬어야겠어요.
가을의 상쾌한 공기를 맞으며…….

이제 창가에서 나뭇잎들의 색이 예쁘게 변해가는 것을 보면서 집 안의
가을의 색들과 함께 가을을 즐겨보세요.

채도가 낮은 색들로 이루어진 가을의 팔레트

봄, 여름, 가을……. 계절마다 집에 색을 들이는 일은 어찌 보면 단순해
보이지만 그 표면적인 단순함보다 더 많은 기쁨을 담고 있는 행위라고
생각합니다. 여러분도 계절의 변화가 있을 때마다 작은 노력으로
변화시켜서 집에 계절을 들이는 기쁨을 느껴보시기 바랍니다.

#7

겨울, 따뜻한 집 만들기

겨울의 집. 어떻게 꾸미세요?

저는 색으로 집을 꾸미는 것을 좋아해요.
색에도 차가운 색감과 따뜻한 색감이 있죠.

차가운 색은 푸른색 계열,
초록색 계열, 회색 계열이고요.

차가운 색 팔레트

따뜻한 색은 붉은색 계열, 노란색 계열,
갈색 계열이 대표적이에요.

따뜻한 색 팔레트

(너무 복잡하게 생각하지 말고 내 눈에 시원한 느낌을 받으면 차가운 색인가 보다, 따뜻한 느낌을 받으면 이 색은 따뜻한 계열인가 보다 하고 넘어가도 됩니다. 미술과 색에 절대적으로 맞다 안 맞다라는 개념은 없다고 생각하거든요.)

여름을 시원한 느낌의 초록색과
푸른색으로 꾸몄다면,
겨울은 좀 더 따뜻해 보이는
노란색, 붉은색, 갈색 계열의
패브릭과 소품으로
집을 꾸밀 수 있습니다.

우리의 느낌이 계절마다 원하는 색을 자연스럽게 알고 있으니까요.

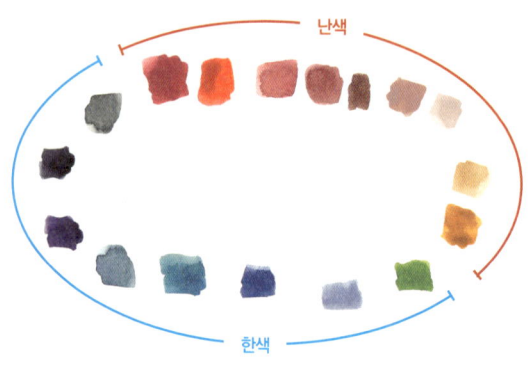

겨울에 집을 따뜻하게 할 때 히터나 난방보다
꾸밈과 색으로 하는 방법을 알아볼까요?

겨울의 집을 따뜻하게 꾸미는 방법

첫째, 메탈 소재의 전자 제품에 패브릭을 덧대어 주세요.

before

after

에어컨 커버, 냉장고 등 메탈의 전자 제품은 겨울에 보기만 해도 추워요.
집에 좀 더 따뜻한 느낌을 주고 싶다면 메탈 소재의 전자 제품 위에
패브릭 커버를 씌워주세요.

냉장고 같은 제품은 매일매일 쓰니까 커버를 씌우지 못하죠.
그래서 커버를 씌우는 대신,
냉장고 옆면 혹은 앞면에 패브릭 달력이나,
따뜻함을 머금은 엽서로 꾸며보세요.

그냥 썡 하니 있는 냉장고 옆면보다 훨씬 나은 느낌을 줄 거예요.

before

after

둘째, 커튼을 두껍고 따뜻한 색감으로 바꾸어 주세요.

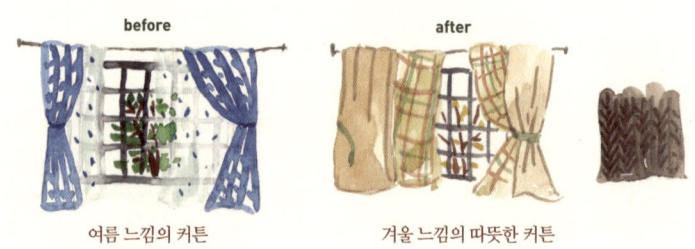

여름 느낌의 커튼　　　　　겨울 느낌의 따뜻한 커튼

위에서 이야기했던 따뜻한 색, 차가운 색을 커튼에 적용하면 계절에 따른 커튼을 고르기 쉬워진답니다. 커튼의 질감도 여름에는 얇고 빛이 조금은 비치는 커튼을 썼다면 겨울에는 두꺼운 암막 커튼이나, 표면이 올록볼록하면서 두께감이 있는, 혹은 원단의 자카드 무늬가 있으면 좀 더 풍성해 보이고 창문의 외풍을 막아 줌으로써 집의 온도도 높여 주어 따뜻한 느낌을 만들어 준답니다.

셋째, 집에 시원한 색감의 그림이 걸려 있다면 겨울에는 따뜻한 색감이 추가된 그림으로 바꿔보세요.

위의 그림처럼 따뜻한 색감이 섞여 있는 그림으로 바꾸고
비슷한 톤의 패브릭으로 테이블보를 매치하면 그 느낌이 달라진답니다.

넷째, 가죽 소파와 같은 차가운 물성 위에 소파 커버를 덮어보세요.

겨울에는 차가운 가죽 소파 위에 바로 앉기 꺼려집니다.
이럴 때 따뜻한 질감의 패브릭으로 만들어진 소파 커버 혹은
소파 방석을 써보세요. 패브릭의 따뜻한 느낌이
가죽의 차가운 느낌을 없애고 포근하고 따뜻한 느낌이 들 거예요.

다섯째, 장식장에 캔들을 놓아보세요.

여름보다 겨울에 많이 찾게 되는 아늑한 불빛의 캔들
매일 저녁 여유 있는 시간에 캔들을 켜면 따뜻한 색감의 불빛들 덕분에
방안이 더 따뜻해지는 느낌을 받을 거예요.

이런 방법들은 모두 겨울이 오면 제가 집에서 실천하는 일들이에요.
집에 매치한 색감이 실제 집의 온도를 따뜻하게 하지는 않지만, 눈으로 보는
온도를 높여서 집에 대한 내 느낌을 따뜻하게 만들어 줄 수 있습니다.

〔참고 페이지〕
나만의 패브릭으로 집을 꾸미는 방법

저에게는 제가 좋아하는 색으로 묶어둔 홈 패브릭들이 있어요. 계절에 따라, 혹은 기분에 따라 집에 있는 패브릭의 색을 바꾸곤 합니다. 약 두 달 정도의 주기로 바꿔주지요. 살다가 바쁘면 그냥 지나갈 때도 있지만, 매일 다른 옷을 입듯이 집의 옷도 다르게 꾸며주면 분위기가 달라져서 좋답니다.

제가 가진 패브릭의 색상 계열은
푸른색+베이지(꽃무늬)
초록색+흑백
노란색+베이지

이렇게 세 가지 계열로 나눌 수 있어요.

○

푸른색+베이지(꽃무늬) 계열의 패브릭

약간 거친 질감을 가진 매력적인 채도의 푸른색 커튼과 잔잔한 꽃무늬가 있는 베이지색 커튼을 매치하면 빈티지하면서도 따스한 느낌을 줍니다.

쿠션 커버도 커튼과 매치하면 좋아요. 쿠션 커버의 경우에는 분홍색의 빈티지한 체크무늬 쿠션 커버와 커튼의 패턴보다 큰 꽃무늬 패턴을 가진 쿠션 커버, 그리고 푸른색, 붉은색, 베이지색이 담긴 레트로 한 스트라이프 무늬가 담긴 큰 쿠션의 커버를 준비해서 조화를 이루도록 한답니다. 이 패브릭들로 장식할 때는 단순한 베이지 컬러의 러그를 깔아주면 패브릭의 무늬를 돋보이게 하는 역할을 하지요.

가끔 잔잔한 꽃무늬가 그리울 때나 레트로 한 느낌을 하고 싶을 때는 이 패브릭을 배치해요. 이때 거실 스탠드의 갓은 패브릭에 맞추어서 같은 계열의 푸른색으로 매치한답니다.

○
초록색+흑백 계열의 패브릭

녹색의 잔잔한 체크무늬의 커튼은 오픈 마켓에서 세일할 때 '언젠가 사용해야지' 하고 사두었어요. 여름에 식물들과 매치하면 참 예쁘죠.

쿠션 커버는 커튼과 잘 어울리는 채도가 낮은 연둣빛 단색을 사용해서 초록의 색을 받쳐주지요. 좀 더 작은 두 개의 쿠션은 흑백의 대비가 세련된 스트라이프 쿠션과 시

원한 꽃무늬 패턴의 커버로 매치하니 꽃무늬 패턴의 쿠션에 녹색이 들어가 있어서 커튼의 녹색과 잘 어울리지요. 아주 작은 쿠션은 꽃무늬 패턴에 들어있는 노란색의 커버로 바꾸어주니 노란색이 들어가서 색들의 조화를 더 풍부하게 만들어주었어요. 여름의 창가에 초록 초록한 녹색의 체크 커튼, 흰색의 시폰 커튼이 흩날리는 것을 보면 마음까지도 시원해져요.

○

노란색+베이지 계열의 패브릭

요즘은 베이지 톤의 내추럴 스타일로 집을 많이 꾸미는 추세더라고요. 저는 여기에 쨍한 노랑을 더하고 싶었어요. 왠지 집에 노랑을 들이면 이국적으로 느껴지더라고요.

쨍한 노란색의 커튼을 찾아 구매하고 기존에 있던 베이지 체크무늬 커튼과 매치했더니 너무 찰떡궁합인 거예요. 그리고는 작은 쿠션 중 하나는 리넨 소재의 단색 베이지 쿠션과 큰 흑백의 스트라이프 쿠션 커버를 매치하고 가장 큰 쿠션은 포인트가 되도록 베이지와 흑색의 패턴을 더해 이국적인 느낌으로 바꾸었어요. 러그는 큰 쿠션과 세트처럼 베이지와 흑백의 큰 무늬가 있는 빈티지 러그를 깔았어요. 이 모든 것들이 매치된 거실은 정말 다른 나라의 리조트를 연상하게 해요. 가끔 여행이 가고 싶거나 도시의 팍팍한 삶에 지칠 때 이 노란색 패턴으로 집의 분위기를 '샤랄라'하게 바꾸곤 한답니다.

패브릭들의 색만 바뀌었을 뿐인데 배치에 따라 제 마음도 즐거워져요. 힐링이 되는 느낌! 스트레스 지수가 낮아지고 휴식의 깊이가 깊어지는 느낌을 받으며 행복해집니다.

집을 색다르게 꾸미고 싶을 때, 혹은 집의 변화를 주고 싶은데 뭘 해야 할지 모를 때, 가끔은 저처럼 홈 패브릭으로 변화를 줘서 집의 분위기를 바꿔보세요.

생각보다 집이 더 아름다워지고
스스로 만족도도 높을 거예요. 제가 보장할게요.

#8

가끔은 기분 전환, 식탁보

식탁은 온 가족이 모이는 공간입니다.
모두가 함께 둘러앉아 음식을 먹는 곳이지요.

이런 식탁에서 중요한 건
음식과 도구가 직접 놓이는
'식탁의 상판'이 아닐까요?

예전부터 쭉 사랑받아온 나무 상판의 식탁, 요즘 많이 사랑받는 블링블링 대리석 상판의 식탁, 조금은 차가운 느낌이지만 빈티지한 느낌도 나는 금속으로 만든 상판의 식탁, 최근 곳곳에서 눈에 띄는 콘크리트로 만든 상판의 식탁 등 우리가 선택할 수 있는 식탁의 상판은 아주 많답니다.

하지만 여기서 저는 식탁의 상판과 관계없이 내 마음대로 바꿀 수 있고, 식탁의 분위기도 주도하는 핫 아이템을 소개하고 싶어요. 바로 식탁에 온기를 전해주는 패브릭 '식탁보'이죠.

체크무늬 식탁보는 소풍 온 것 같은 기분을 느낍니다.
봄날이 따사로운 날에는 꽃무늬 식탁보.

여름엔 시원한 느낌을 머금은 파란 스트라이프 식탁보.
가끔 담담하고 잔잔한 느낌이 그리울 땐 리넨 식탁보.
또 가끔 화려하고 싶은 날에는 레이스 식탁보.

음식들 밑에 무엇을 놓느냐에 따라
가족의 기분도 식탁의 느낌도 달라집니다.
단지 식탁보 하나 바꾸었을 뿐인데 말입니다.
이렇게 큰돈 들이지 않고
기분에 따라 바꿀 수 있는 것이
식탁보입니다.

오늘, 식탁보 한번 깔아보시겠어요?

PART 1 나의 집을 꾸며주고 싶어

#9
침실의 주인공, 푹신한 침구

침실의 주인공은 누구일까요?
저는요, 침실의 주인공은 화장대도, 옷장도, 침대도 아닌
침구라고 생각해요.

제가 어렸을 때 저희 엄마는 침구의 색상이나 디자인에 대한 중요성보다는
그저 덮고 자는 것이라는 실용성만 생각하셨어요.
때문에 저는 그때그때 계획되지 않은 엄마의 침구 구매로
이불은 파란색, 베개 커버는 파란색과 안 어울리는
살구색, 보조 베개는 연두색 등 총체적 난국의
색상들에 둘러싸여서 잠이 들었어요.

다들 그런 줄 알았죠. 그런데!
제가 캐나다에 가서 지내던 그때 올리브의 방에서 그녀의 침구들을 보고
그것이 나만의 착각이었다는 것을 알게 되었습니다.

그녀의 잘 꾸며진 방.
그 중심에는 빈티지하면서 멋스러운
푸른 에메랄드빛이 섞인 침구가
있었답니다.
그녀의 침실 핑크색 벽과 잘 어울리던
조화롭던 침구.
이때 '침실의 분위기 80%는
침구에 달려있구나!'라고 생각했답니다.

침실의 많은 면적을 차지하면서도 간단하게 계절별로 바꿀 수 있기 때문에 침구는 침실 분위기의 중심이자, 변화의 중심이지요. 침구에 따른 침실의 분위기. 어떻게 바뀌는지 알아볼까요?

요즘은 단색 혹은 스트라이프, 단순한 체크의 매력적인 침구들이 많이 나와 있습니다.
네이비색은 마음의 안정과 휴식을 주는 색이에요. 이런 색을 가진 침구를 원목가구와 매치한다면 침실이 차분해지고 안정이 될 거에요.

우연히 잡지에서 본 주황색의 침구도 참 매력적이었어요. 침실의 한편에 다육 식물을 놓고 채도가 낮은 주황색 침구와 초록색 잎들이 패턴으로 있는 커튼을 매치한 침실이었는데 그 강렬한 색감이 기억에 남아요. 주황의 붉은 계열은 아드레날린을 분비시켜 신체 안의 혈액순환을 향상시키며, 활동성을 증진시킨답니다. 주황색 침구는 아침의 열정을 줄 것만 같아요.

제 침실의 겨울 침구는 인디핑크예요.
핑크는 사랑을 나타내는 색이지요.
희망, 행복 등의 긍정적인 개념과 연결되는 성질을 갖고 있어
포근한 마음이 들게 해줘요.
너무 붉은 끼가 있는 침실이 싫다면 회색의 베개 커버를
포인트로 줘 보세요.
진회색의 잔체크 커튼도 인디 핑크색 침구와 잘 어울린답니다.

침구로 계절의 새로움을 느낄 수 있는 방법이 있어요.
식물 모양의 초록색 패턴들이 있는 침구들은 봄이 올 때의 푸르른 기분을
느낄 수 있게 해주고, 푸른 바다가 연상되는 아쿠아블루의 물방울무늬
침구는 더운 여름, 푸른색으로 나를 시원하게 만들어 준답니다.

화려한 패턴들의 침구는 가끔은 특별한 기분을 들게 해줍니다. 꽃이 화사한 꽃무늬 패턴들은 꽃밭에서 잠이 드는 착각을 하게 해서 가끔은 우울한 나를 위로해 준답니다.

잔잔한 꽃무늬 침구는 잔꽃들이 핀 꽃밭에 누운 기분을 주고, 진한 바탕색의 큰 꽃무늬 침구는 동굴 속 아무도 모르는 나만의 비밀 정원에 누운 기분을 느낄 수 있어요.

여기서 잠깐, 꽃무늬 같이 색감이 많이 들어간 패턴의 침구에 커튼을 매치할 때는 단색의 커튼이 잘 어울린답니다. 이때 단색의 커튼 색깔은 침구 패턴에 들어있는 여러 색깔 중 하나를 고르면 침구와 잘 어울리는 침실을 만들 수 있답니다.

당신의 침구는 어떤 색인가요? 혹시 그냥 그런대로, 매치하지 않고 유쾌하지 않은 침구들의 색감이 혼재한다면, 오늘 내 기분을 새롭게 해 줄 침구 커버를 바꾸어 보는 건 어떨까요?
눈 뜨면 예쁜 색감이나 패턴들로 이루어진 침구를 보며 내일은 오늘과 달리 행복하고 포근한 기분으로 나의 침구에서 아침을 맞이할 거에요.

#10

나만의 개성 있는 집을 만드는 방법

집에 관련된 책에서 공감되는 구절이 있습니다.
"인생의 많은 시간을 집에서 보내죠. 그래서 나답지 않은 집은 싫어요."

나다운, 나만의 아늑한, 머무르고 싶은 집을 만드는 방법들을 소개해 볼게요.

첫째, 때때로 나의 집을 위해서 꽃을 사 보세요.

사람을 위해서 꽃을 사는 일은 있었지만
집을 위해서 꽃을 사는 일은
우리에게 익숙하지 않은 일입니다.

하지만, 집 곳곳에 놓여질 꽃을
사서 구석구석에 배치하면
꽃향기 가득한 집을
더 사랑할 수 있게 됩니다.

둘째, 적은 비용으로 살 수 있는 천들을
집 구석구석에 배치해 보세요.

작은 조각의 천들은 여러 리빙샵에서 오천 원, 만 원 이하에 살 수 있죠.
요즘은 행주라고 하는 데도 너무 예쁜 패턴들로 나온 것들이 많아요.

이런 천들을 사서 액자 밑에, 소파 사이드 테이블 위에, 식탁의 휴지 아래
등에 배치해 보세요. 간단하고 쉽게 내가 좋아하는 느낌으로 집을 채울
수 있는 방법이랍니다.

before　　　　　　　　　after

셋째, 언제나 그곳에 머물러 있던 커튼이나 쿠션 커버를 가끔은 화려한 것으로 바꾸어 보세요. 늘 배치했던 단색의 커튼이 가끔 지겨워질 때가 있어요. 그럴 때는 화려한 빈티지 꽃무늬의 커튼을 과감하게 걸어보는 용기가 필요해요.

커튼을 바꿀 때 소파 위의 쿠션 커버도 함께 어울리는 것으로 바꾸면 집의 분위기가 훨씬 좋아지고 나다운 집을 만들 수 있답니다.

넷째, 늘 머무르던 가구 배치를 한번쯤은 바꾸어 보세요. 늘 부엌을 보고 있던 식탁을 창문이 보이게 변화시키거나, 늘 TV를 보고 있던 소파를 빛이 드는 창가 쪽으로 바꾸어 보세요.

간단한 가구 재배치로 익숙했던 집이 새로워 보이는 마법을 경험할 거예요. 이 새로움은 집을 사랑하는 또 다른 마음으로 다가올 겁니다.

마지막으로 내가 사는 집을 늘 아끼며 사랑해 주세요. 그러면 문을 열고 내 집에 들어왔을 때, 정말 포근하고 아늑한 그런 느낌들이 나를 감싸주는 듯해서 매일 행복해질 거예요.

#11

한번쯤, 벽에 작품을 걸어 보세요

거실 벽, 통로 벽, 심심한 공간에 무엇을 걸어 놓으세요?

가족사진? 아니면 요즘 유행하는 미니멀리즘처럼
아무것도 놓지 않으시나요?

그런 공간에 작품을 걸어 보라고 추천하고 싶어요.
일상을 멋진 작품과 함께하면 기분이 좋아지거든요.

저는 이 이야기를 그리기 전에 그림을 그리는 사람이었어요.

작품을 그리고, 전시하고,
판매도 하고,
전시 후 남은 작품들은
제 기분에 따라
벽에 걸린답니다.

가끔 프리마켓이나 우연히 얻은 엽서를 작은 액자에 넣고 집 안의 빈 공간, 예를 들면 부엌 창가나 식기세척기 위 빈 공간에 놓아둡니다. 그런 그림들은 일상에서 소소한 기쁨이 되어줍니다.

집의 심심한 공간을 작품으로 꾸미는 법에 대해 이야기할게요.

첫째, 마음에 드는 작품을 구매하여 벽에 걸어 봅니다.
요즘은 미술작품을 살 수 있는 곳이 많아졌어요. 아트페어가 대중화되어서 중견 작가부터 신진 작가까지 다양한 작품, 다양한 가격대, 다양한 퀄리티로 만나볼 수 있답니다.

둘째, 작품을 렌털합니다.

작품을 사는 것이 대중화되었더라도 선뜻 값비싼 작품을 사기가 쉽지 않죠. 요즘은 작품을 일정 기간 렌털해 주는 서비스가 있어요. 일정 기간 작품을 걸고, 또 다른 작품으로 바꿀 수 있는 시스템. 구매를 하는 것보다 부담 없이 작품을 집에 걸 수 있는 좋은 방법입니다.

셋째, 아트 포스터를 걸어 봅니다.

나뭇잎 디자인, 의미 있는 영문, 예쁜 캐릭터 등이 그려져 있거나 디자인 된 아트 포스터들. 가격도 저렴하고 다양합니다.
이런 아트 포스터를 구매하여 예쁜 액자에 넣으면 됩니다.

넷째, 천을 사서 화판에 끼웁니다.
예쁜 텍스타일 천을 작게 구매하고
화방에서 파는 화판을 구매하여
그 위에 씌우는 겁니다.
이 작업은 타카와 가위, 그리고 약간의
힘만 있으면 누구나 할 수 있답니다.

**다섯째, 언젠가 모아 놓은 그림,
어디선가 찍어 놓은 사진,
아이들의 그림 등이 더욱 빛납니다.**
가끔 너무 예뻐서 모아 놓은 잡지 속 화면,
혹은 엽서의 그림, 찍어 놓은 사진 등을
이용해 보세요. 이런 것의 크기를 맞추어서
액자에 넣고 공간에 걸어 주면 멋진 작품이
될 거예요.

꼭 멋진 작품이어야 할 필요는 없어요. 우리 집을 나답게 꾸미는 것이니 까요.

내가 좋아하는 것을 벽에 걸면
우리 집만의 멋진 작품이 되는 것이죠.

여기서 하나 참고할 점은 어떤 작품을 걸든 그 작품이 공간과 어울리려면 작품에 있는 색과 특정 공간의 색을 같은 색으로 맞추는 것입니다.

예를 들면 거실에 무언가를 건다고 할 때
거실 패브릭의 색을 작품에 들어있는 색과
맞춰 주는 겁니다. 그러면 거실과 작품이
잘 어울리게 됩니다.

또는 복도에 건 작품은 그 밑에 진열된 것들의
색을 작품의 색과 맞추는 거죠. 소소한 색깔 맞
춤이지만 작품이 공간에 잘 어우러지도록 하는
방법입니다.

혹시 당신의 벽이 텅 비어 있나요?
오늘 집에 작품 하나 걸어 보세요.

좋은 작품과 한 공간에 있는 것만으로도 마음이 풍요로워지고
당신의 벽을 풍부하게 만들어 준답니다.

#12

버리지 말고 리폼하세요

집을 꾸밀 때 무언가를 새로 사서 꾸미기보다는
쓰레기가 될 뻔한 것들을 재사용해 봅니다.
환경에도 도움이 되고, 집에도 새로운 기운을 불어넣어 주는 리폼.
저희 집에 적용한 리폼의 사례를 소개해 볼게요.

하나, 대리석 상판을 갖게 된 사이드 테이블

우연히 얻은 원형 사이드 테이블이 있었어요.

조금 촌스런 노란색이 있던 이 테이블은 거실 소파 옆에 두면 좋은 사이즈였어요. 다만, 모양이 예뻐서 어떻게 활용을 할까 계속 고민만 했었죠. 그러다가 작년에 인기를 끌었던 대리석 테이블을 갖고 싶어졌어요. 진짜 대리석 테이블은 비쌌기에 이 활용 가능한 테이블의 상판에 대리석 시트지를 붙이기로 했지요.

> **과정** 대리석 시트지를 붙일 가구 상판의 지름보다 10~13cm 정도 크게 자릅니다. → 윗면의 밋밋한 상판 부분을 주름지지 않게 붙인 후 둥근 상판의 가장자리는 드라이기로 열을 가해 곡선을 따라가며 힘을 주며 붙이세요. → 대리석(무늬) 상판을 가진 사이드 테이블이 완성됩니다.

어때요?
이전과는 또 다른 느낌이죠?

요즘도 거실 한편에서 잘 쓰고 있는 효자 테이블이랍니다.

둘, 아기 의자 방석 커버 바꾸기

아기를 낳기도 전에 아파트 단지 안에 버려져 있던 아기 의자가 눈에 들어왔습니다. 아직 튼튼한데, 왜 버려졌을까? 이런 의문과 앞으로 내 아기가 쓰면 좋을 것 같다는 생각에 주워 왔어요.

집에 와서 우선 열심히 닦고 아기 의자 전체를 페인팅하려다가 생각보다 많이 깨끗해서 의자의 방석 커버만 바꾸기로 했어요. 바꿀 방석 커버를 꽃무늬로 할지 스트라이프무늬로 할지 고민을 하다가 잔잔한 빨강 체크무늬로 결정했습니다.

과정 우선 의자에서 방석 부분을 떼어 냅니다. 이 과정에서 의자를 거꾸로 하여 드라이버 혹은 진동 드라이버를 이용하여 분리해냅니다.

떼어낸 의자 방석을 바꿀 천 위에 놓고, 방석보다 10~20cm 정도 크게 자른 후 의자 방석에 원래 고정되어 있던 천을 떼어 냅니다. 대부분 타카로 천이나 인조가죽이 고정되어 있기에 송곳과 힘으로 떼어낼 수 있습니다.

그다음 새로 두를 천을 타카로 의자 방석에 고정시켜 에워쌉니다. 윗면을 먼저 두른 후 방석 아랫부분에 천을 타카로 고정하면 된답니다.

어느 의자나 이 방식대로 방석 커버를 바꿀 수 있습니다. 힘과 타카, 천만 있으면 누구나 할 수 있는 작업입니다.
어때요?! 새 의자 같죠? 아이도 좋아한답니다. 엄마의 정성이 들어간 의자를 알고 있는 걸까요!

천

타카

매일매일 부엌에서 잘 쓰고 있답니다.

셋, 가구 페인팅하기

신혼 때 산 흰색 프로방스 가구는 부엌 가구 중에 가장 좋아하는 가구 중 하나입니다.
하지만 흰색이다 보니 시간이 지나면서 누렇게 되고, 사용감이 꽤 생겼답니다.

그래서 매력적인 원목 상판을 제외한 흰 부분에 페인팅을 새로 하기로 결정했어요.

 새롭게 칠할 수성 페인트 색상을 진그레이로 결정하고 조색을 해놓습니다. 요즘에는 매력적인 많은 색들이 조색되어 나온답니다. 굳이 직접 조색을 하기보다는 인터넷, 오프라인 상점에서 조색된 색을 주문하면 됩니다.

바닥에 못 쓰는 돗자리, 신문을 깐 후 롤러와 붓으로 페인팅을 시작합니다. 우선 섬세한 곳을 붓으로 칠해주고, 면적이 넓은 부분은 롤러로 칠해줍니다. 말리면서 2~3번 반복해서 얼룩이 없도록 칠해주세요.

마지막에 코팅제인 바니쉬를 바르면 완성이랍니다.

색만 바꿨을 뿐인데 전혀 다른 가구 같죠?

before   after

마침 색이 맞는 철제 장이 있어서 함께 매치해 주었어요. 라틴 바구니도 함께요. 종종 어디서 구매했냐고 문의를 듣는 예쁜 나만의 가구랍니다.

가치를 잃고 빛을 잃은 가구를 리폼하는 일은 크게 보면 지구의 쓰레기를 줄이는 일, 바로 환경을 생각하는 일입니다.

가구를 바꾸거나 새로 사고 싶을 때 버리거나 사기보다 집에 있는 가구를 예쁘게 리폼해 보세요. 예전보다 더 빛나는 모습으로 우리 곁에 함께 할 거예요.

페인트 칠하기   의자 커버 바꾸기

〔참고 페이지〕
개성 있고 가성비 좋은 패브릭을 구입할 수 있는 곳

저는 패브릭을 아주 사랑합니다.
틈나는 대로 많은 패브릭을 볼 수 있는 온라인 샵들을 찾아다녀요.
제가 자주 이용하는 곳들을 소개해 드릴게요.

커튼과 침구가 예쁜 곳
누비지오

이곳은 커튼과 침구가 예쁜 온라인 샵입니다. 게다가 가격도 저렴한 편이라서 계절이 바뀌거나 마음이 싱숭생숭할 때 커튼이나 침구 디자인을 골라서 바꾸어주면 기분도 좋아진답니다. 저는 특히 누비지오의 커튼을 좋아합니다. 저렴하게 다임 세일을 많이 해서 득템이 가능하기 때문이죠. 또한 저렴한 가격이나 특가로 판매하는 커튼도 늘 핀이 정성스럽게 꽂힌 채 와서 왠지 대접받는 느낌이 들어요. 다른 폴리 소재보다 면 소재의 커튼도 많기 때문에 면 소재의 느낌을 좋아하는 분들에게도 강력 추천하는 샵입니다. **(침구 세트 30,000원대부터)**

심플, 빈티지 패턴의 커튼을 가격 대비 좋은 품질로 구매하는
벨 라이프

이 샵은 소셜커머스에 노출되어 알게 되었어요. 면 재질의 커튼이 매력적인 가격과 디자인이어서 구매를 했는데 생각보다 너무 좋았습니다. 주머니가 가벼울 때 리넨 느낌 나는 폴리 재질의 푸른 커튼을 주문했는데 또 너무 좋은 거예요. 보는 사람마다 어디서 샀냐고 물어봤던 커튼이랍니다. 여러 가지 빈티지 무늬의 꽃 패턴과 쿠션 커버가 저렴하면서 예쁜 곳. 그래서 저는 집을 꾸밀 커튼은 사고 싶은데 주머니가 가벼울 때 꼭 한번 검색해 보는 샵이랍니다. 가격 대비 좋은 상품들이 많아요.
(긴창 커튼 34,900원부터)

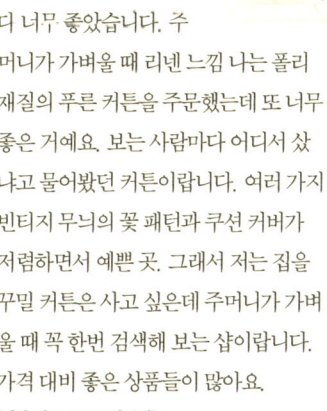

너무나 감각적인 러그와 다양한 패턴의 커튼을 만날 수 있는 곳
데코뷰

요즘 SNS 마케팅으로 불쑥 광고가 나오는 곳이에요. 저는 원래 데코뷰의 팬이었어요. 예전부터 다양한 무늬의 커튼들과 마음에 쏙 드는 꽃무늬 커튼은 나도 모르게 결제하게 만드는 것들이었습니다. 이곳은 상품들의 사진이 참 예뻐요. 내 집이 이랬으면 좋겠다는 마음이 들 정도로 정말 매력적인 패브릭이 많습니다. 요즘에는 감각적인 쿠션 커버와 러그 등 다양한 상품군들이 포진해 있습니다. 꼭 한번 들러보세요.
(꽃무늬 면 리넨 커튼 35,000원부터)

일상의 소소한 행복
데일리라이크

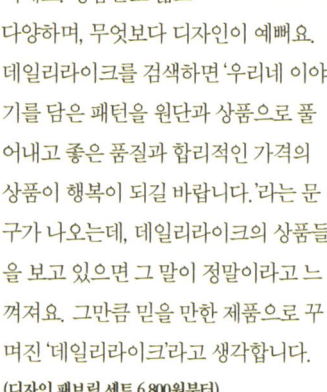

데일리라이크는 자체 디자인의 예쁜 패턴들의 향연으로 일상의 소소한 행복을 느끼게 해줍니다. 이곳은 무엇이든 만들 수 있는 원단부터 팬시용품, 패브릭 상품까지 두루두루 파는 곳이에요. 상품군도 넓고 다양하며, 무엇보다 디자인이 예뻐요. 데일리라이크를 검색하면 '우리네 이야기를 담은 패턴을 원단과 상품으로 풀어내고 좋은 품질과 합리적인 가격의 상품이 행복이 되길 바랍니다.'라는 문구가 나오는데, 데일리라이크의 상품들을 보고 있으면 그 말이 정말이라고 느껴져요. 그만큼 믿을 만한 제품으로 꾸며진 '데일리라이크'라고 생각합니다.
(디자인 패브릭 세트 6,800원부터)

너무 다양하고 튼튼한
쿠션 스토리

이곳은 쿠션 커버를 전문으로 파는 곳이에요. 사장님의 아버님이 패브릭을 다루는 일을 하시다가 사업이 어려워지자 아드님이 쿠션 커버를 전문으로 하는 샵을 만들어 재기하였다는 이야기를 방송에서 본 적이 있어요. 이곳은 주문이 들어오면 바로 만들어서 배송이 오기 때문에 반품이 되지 않아요. 하지만 내가 원하는 치수로 언제든 주문제작이 가능하다는 점과 정말 신경 써서 튼튼

히 만들어 주시기에 세탁 후에도 변형과 터짐 등의 하자가 없어요. 기분전환으로 쿠션들의 커버를 바꾸고 싶을 때 제일 먼저 가보는 샵이랍니다.
(개성 있는 쿠션 커버 7,900원부터)

○

가격대비 좋은 품질과 바탕이 되는 디자인
까사베르데

예전 아파트에서 셀프 인테리어를 마치고, 면 러그를 알아보던 중 원형면 러그를 사게 되어 인연이 된 샵입니다. 러그를 그다지 좋아하지 않는 제 남편도 이곳의 선염면으로 만들어진 원형면 러그를 좋아한답니다. 이곳의 러그 색은 조금 채도가 내려긴 베이지색, 회색 등의 차분한 색상이 많아서 집에 깔아 두면 집을 차분하게, 그리고 아늑하게 만들어 준답니다. 저도 잘 사용하고 있어요.
(원형면 러그 25,900원부터)

○

고급스러운 디자인과 품질에 반해버린
얀 카페트

여기저기 인테리어 잡지에서 보이기 시작한 빈티지 느낌의 페르시안 카펫을 찾다가 만난 곳이 이곳입니다. 저의 기준에서는 생각보다 가격이 높아서 망설였지만 여러 가지 너무 예쁜 패턴들이 포진한 이곳의 카펫을 포기할 수는 없었습니다. 그래서 구매해 보았습니다. 너무 투박하지 않은 보드라운 면에 페르시안 무늬가 있는 품질이 매우 좋은 카펫이었습니다. 사실 받고 나니 가격이 비싸다는 생각은 없어지고 오히려 이 품질에 비해 저렴하다는 생각이 들기도 했습니다. 다양한 디자인들이 시즌별로 나오니 러그가 사고 싶을 때 한번씩 들어가 보세요. (인도산 러그 48,600원부터, 벨기에산 러그 63,000원부터)

낭만과 앤틱 사이의 패브릭
리에즈

어느 날 검색으로 찾아낸 진하고 빈티지스러운 패브릭들로 가득 찬 리에즈. 다른 샵들보다 커튼, 러그, 식탁보 등의 패턴이 개성이 있고, 색감이 진한 편입니다. 하지만 채도가 낮아서 집에 고즈넉하게 포인트로 꾸미기 좋은 패턴들이에요. 빈티지를 사랑하는 분이라면 집을 꾸미는 패브릭을 고를 때 가끔 들러서 개성 있는 패브릭들을 골라보세요.
(빈티지 디자인의 식탁보 23,000원부터, 빈티지플라워 패턴의 커튼 42,000원부터)

너무 매력적인 면 러그와 패브릭의 집합
엄마가 만든 집

엄마가 만든 집. 이름이 너무 매력적이죠. 이름처럼 포근한 침구와 각종 패브릭들을 파는 곳입니다. 특히 이곳은 제가 인도산 러그를 검색하다가 알게 되었는데, 손으로 짠 것 같은 러그들을 직수입해서 합리적인 가격으로 보여주고 있어요. 원형, 직사각, 테슬이 달린 러그 등 개성 있는 디자인도 많습니다. 러그를 집에 들이기 전에 꼭 한번 둘러보세요. (직수입 인도산 면 러그 30,000원대부터)

작은 샵들을 모아보기 좋은
1300k

처음에 저는 1300k가 문구용품만을 취급하는 작은 곳일 것이라 생각했는데 여러 패브릭과 리빙 상품을 검색하다 보면 1300k로 통하더라고요. 요즘에는 커튼, 러그, 침구 등에서 개성을 가진 작은 샵들이 많은데, 모두 이곳에 입점되어 있습니다. 여러 샵의 사이트들을 들르기 번거롭다면 이곳에서 한 번에 원하는 패턴의 패브릭을 찾아보세요. 금방 찾게 될 거에요.

눈 크게 뜨고 이용하기
소셜커머스와 오픈마켓

정말 주머니 사정이 가볍지만 예쁜 패브릭을 집에 들이고 싶을 때는 오픈 마켓과 소셜커머스에서 검색을 열심히 해보세요. 때때로 나오는 타임세일과 쿠폰으로 정가보다 싸게 패브릭을 득템할 수 있는 기회가 있을 거예요. 집을 꾸미는 모든 패브릭을 비싼 것만으로 살 수는 없죠. 저렴한 패브릭을 틈틈이 집 구석구석에 매치하면 가성비 좋은 집 꾸미기를 할 수 있답니다.

#13

엄마의 마음이 담긴
아이 방 꾸미기

자매지간인 언니와 나는 가끔 카페에서 만나
서로의 근황을 이야기하는 시간을 가집니다.

언니의 요즘 고민은 이제 태어난 지 2년 된 조카를 어떻게 키우느냐와
이제 곧 만들려는 조카의 공간을 어떻게 꾸미느냐입니다.

엄마의 마음을 담은
아이방 꾸미기에 대해 알아볼까요?

아이들의 공간이 거실 한복판 뻥 뚫린 곳이라면
거실 한편에 아이가 마음 놓고 쉴 수 있는
공간을 만들어 주세요.
'기역'자 소파로 공간을 분리하거나
시중에 판매하는 가벽,
혹은 책꽂이 등으로 공간을 분리해도 좋아요.

요즘 예쁘게 나오는 아기용 텐트를 이용하여
아이만의 공간을 만들어주는 것도 좋은 방법이랍니다.

아이의 방을 만들어줄 여건이 된다면 캐노피나 예쁜 그림으로 벽을 꾸며줘도 좋고 코르크판을 벽에 붙여서 아이가 유치원, 어린이집에서 만들어 오는 정성스런 작품을 붙여놓는 것도 좋아요. 코르크판에 하나둘씩 늘어나는 아이의 작품을 보며 웃음 짓게 될 거예요.

아이의 장난감 정리함은 아이가 매일 보는 것이니까
예쁜 색깔의 정리함으로 골라서 넣어주세요.

장난감 정리함,
혹은 책장 옆 바닥에는 포근한
러그나 매트를 깔아 아이가
편하게 책을 볼 수 있도록
공간을 만들어 주세요.

아이도 모든 감정을 다 느끼기 때문에 예쁜 자신의 공간,
엄마가 꾸며준 공간을 느끼고 사랑할 거예요.

엄마의 정성을 느끼면 어디든 아이는 포근함을 느끼지 않을까요?
엄마의 사랑이 담긴 이 공간에서 아이의 꿈도 생각도
무럭무럭 자라나기를 바랍니다.

[참고 페이지]
개성 있고 가성비 좋은 가구들을 만날 수 있는 곳

개성 있고 센스가 넘치는 레트로 가구, 메스티지 데코

한 9년 전부터 시작된 레트로 가구 열풍. 그 가운데서도 좋은 품질과 다가갈 수 있는 가격으로 찾아온 메스티지 데코. 붉은 레트로 풍의 가구가 이 브랜드의 시그니처 디자인이죠. 현재 레트로 디자인에 중심을 두어 세련되고 현대적인 미를 가미해서 새로운 가구들을 선보이고 있답니다. 저는 항상 가구 살 일이 있으면 이곳에 먼저 들러요. 가성비 좋은 협탁과 어느 가구와도 잘 어울리는 메스티지 데코만의 디자인이 있거든요. 여러분도 한 번쯤 들러보세요.

정말 튼튼한 내 가구, 디노 데코

디노 데코는 프렌치 스타일을 모던하게 해석하고 젊게 디자인한 원목가구랍니다. 이곳의 가구는 제가 구입한 가구 중에 가장 튼튼하다고 느낀 가구예요.
디노 데코 안에서도 여러 가지 디자인 라인이 많아서 취향대로 다양하게 고를 수 있답니다. 또한 상시 세일과 아웃렛 매장을 운영하여 전시 상품과 스크래치 가구 할인 등으로 득템할 수 있는 기회가 많답니다.
가구를 구매하려고 마음을 먹으면 꼭 한 번은 들어가서 체크해보는 이곳, 추천해요.

매력적인 가구들,
레트로 하우스

저의 혼수 가구 중에 큰 비중을 차지하는 레트로 하우스의 가구. 제가 쓰고 있기에 자신 있게 추천해 드릴 수 있는 가구랍니다. 결혼 당시 지갑이 가벼웠던 저는, 사고 싶었던 원목가구와 조금 더 저렴한 무늬목 가구를 섞어서 가구를 샀어요. (*무늬목가구는 100% 원목으로 이루어진 가구가 아닌, 표면에 무늬목을 대어서 원목가구처럼 보이는 가구입니다. 사실 자세히 보지 않는 이상 무늬목가구인지 표가 잘 나지 않아요.) 무늬목가구를 찾아 헤메던 중 레트로 하우스를 알게 되었고, 내추럴 나무 색상의 이곳의 가구들을 보고 반해서 침실 가구를 모두 구매하게 되었답니다.

북유럽 스타일과 레트로 스타일을 섞어놓은 것 같아 특유의 편안함이 있어요. 어느 공간에 놓아도 편안하게 흘러가는 가구랍니다. 가끔 B급 상품 할인과 재고 할인 등으로 득템 할 기회가 있으니 홈페이지를 자주 살펴보세요.

군더더기 없는 디자인,
바이헤이데이

이곳을 알게 된 건 군더더기 없는 소파를 보고 난 후였습니다. 깔끔한 디자인의 소파가 제 눈을 사로잡았어요. 모던한 디자인의 가구들이 포진해 있는 이곳. 가끔씩 이벤트성으로 있는 할인을 잘 이용하면 기존 가보다 저렴하게 득템도 가능해요. 깔끔한 라인을 좋아하시는 분이라면 한번 둘러보시기를 추천합니다. 아마 저처럼, 반하실 거예요.

곡선이 아름다운 디자인,
마루이 가구

마루이 가구는 다리와 곡선이 돋보이는 가구를 제작하는 곳이에요. 이곳의 콘솔과 거실장 등이 무뚝뚝한 직선보다 곡선으로 이루어져 경쾌하면서 고급스러운 느낌을 준답니다.
집에 포인트 가구로 두면 멋질 것 같은 가구들이 수두룩한 이곳. 다양한 디자인 라인으로 여자의 마음을 사로잡는답니다.

심플하고 간결한 매력,
무인양품 無印良品

품질이 좋은 물건들의 집합소, 무인양품에는 질 좋은 원목 가구가 있답니다. 가구 디자인들은 유행을 타기 보다 생활 속 어느 공간에서나 어울리도록 무난하고 베이직한 디자인이 특징이에요. 네추럴한 원목 색의 떡갈나무와 중후한 색의 호두나무 중에 선택할 수 있어요. 개인적으로는 네추럴한 색감의 떡갈나무 가구들을 좋아합니다. 어디에 놓아도 따뜻하게 어울리는 매력적인 원목 가구예요. 가격이 조금 있는 편이지만, 품질은 정말 좋아요. 심플한 가구의 매력, 무인양품에서 느껴보세요.

알고 있으면
좋은
매력적인
그런 집

PART 2

집이
들려주는
이야기

#1

좋은 기운을 불러오는
풍수지리 인테리어

매년, 반복되어 돌아오는 날들 잘 보내시고 있나요?
제가 매번 집을 꾸밀 때마다 신경 쓰는 것이 있는데요.
그건 바로 풍수지리에 맞는 인테리어입니다.
이왕에 꾸미는 거라면 풍수지리에 맞는 방법으로 꾸미면 더 좋잖아요.
지금부터 집에 복이 들어온다는 풍수지리 인테리어 팁에 대해 알아볼게요.

우선 집에 들어올 때 가장 먼저 마주하는 현관.
현관에 예쁜 소리가 나는 종을 달아놓으면 좋다고 해요.
현관에 들어오면서 문에 달린 청량한 종소리가 맑은 기운,
즉 좋은 기운을 함께 가지고 온다고 합니다.

전 이것을 알고 우리 집에, 또 엄마 집에 현관 종 하나를 사서 달아드렸답니다.

그리고 가족이 모이는 거실에 금전운을 뜻하는 노란색의 소품이 있으면 가족의 금전운을 밝혀 준다고 해요. 예를 들어 노란색 쿠션, 노란색 전등갓, 노란색이 많이 들어간 그림, 노란색이 들어간 러그 등이 있겠죠.

실제로 예전에 제 지인이 금전적으로 잘 안 풀릴 때, 제가 집 거실에 놓으라고 노란색 쿠션 커버를 선물했답니다. 지인이 거실의 쿠션 커버를 노란색으로 바꾼 날 금전적으로 풀리는 계약이 성사되었다는 전화가 왔었어요. 우연이겠지만 그래도 좋은 일이죠?
거실에 노란색 소품 한 가지 정도는 꼭 추천합니다.

혹시 집 안 곳곳에 생화를 두기 번거로워 조화로 꾸미고 있지는 않나요?
저는 신혼 때 집을 예쁘게 꾸미고 싶은 마음에 조화를 많이 사서 풍성해 보이도록 집 안 곳곳을 꾸며 놓았었어요.

그러던 어느 날 친정엄마가 집에 오셔서 조화를 보시고는 다 챙겨서 한 가방에 넣어 놓으셨죠. 친정엄마는 조화가 죽은 꽃이기에 집에 안 좋은 기운을 준다고 생각하셨습니다. 집에 놓아두기에는 생화가 더 좋다고 하네요. 그 후에는 조화보다 관리하기 번거롭지만 생화로 집을 장식한답니다.

여러분은 부엌에 식물을 키우시나요? 저는요. 부엌에 식물을 키우지 않았어요. 그런데 도서관에서 본 '풍수지리 인테리어'와 관련된 책에서 부엌은 불과 물이 만나 집 안의 재물운이 모이는 중요한 곳이라고 하더군요.

많은 이야기가 있었지만 그중에서도 부엌 싱크대 주변에 녹색 식물이나 꽃을 두면 집 안의 재물운과 좋은 기운이 들어온다는 글을 보고는 바로 실천했어요. 지금도 제 부엌 싱크대 주변에는 꽃을 피운 6가지의 다육 식물과 그 옆으로는 아래로 또르르 떨어지는 잎이 매력적인 초록 식물이 있습니다.

자주 깜빡하는 제가 잊지 않고 물을 주기도 편하고 설거지를 할 때 예쁜 꽃들과 푸른 잎을 하루에 한 번 이상은 보게 되니 기분이 좋아진답니다. 심심한 싱크대 주변에 녹색 식물들이 좋은 기운을 주는 것은 맞는 이야기 같아요.

소소하게 실천할 수 있는 풍수지리 인테리어, 여러분도 집을 꾸밀 때 예쁘기만 할 것이 아니라 좋은 기운이 집에 많이 들어올 수 있게 한번 실천해 보세요. 밑져야 본전이라는 마음으로, 그리고 오늘도 내 집을 사랑하는 마음으로 말이죠.

어느새 집에는 주인의 사랑으로 가득 차서 좋은 기운이 들어와 있을지도 몰라요!

#2

풍수지리 인테리어로 재물운을 쌓아보세요

풍수지리 인테리어 이야기를 이어 나가 보겠습니다.

집에 들어오면 바로 마주하는 것이 현관입니다.
현관을 나가기 전에 우리는 거울 한 번씩을 보게 되고
거울이 있으면 넓어 보이는 효과도 주죠.
그래서 현관문을 열고 들어와 바로 보이는 자리에
거울을 놓는 경우가 종종 있어요.
하지만 풍수지리에서는 현관문을 들어설 때 보이는 곳에
거울을 놓으면 집에 들어오는 좋은 기운을 내보낸다고 해요.

딱 들어설 때 보이는 곳에 거울을 설치하는 것보다는 집을 나가는 기준으로 왼쪽에 거울을 달면 명예와 건강운이, 오른쪽에 달면 재물운이 좋아진다는 점 기억하세요.

이제는 안방으로 가볼까요?
안방은 재물운이 모이는 곳이에요.

침실은 너무 밝은 것보다는 어두워야 재물과 운이 쌓인다고 해요. 그러므로 안방의 불은 은은한 주황빛이 나는 전구로 꾸며보는 건 어떨까요? 분위기 있는 스탠드 등으로 꾸미는 것도 좋은 방법이에요.

이번에는 우리의 식생활이 이루어지는 부엌으로 가볼 게요. 부엌은 요리를 하는 장소이기 때문에 가족의 건강운과 관련이 많은 곳이에요. 또한 재물을 상징하는 불을 직접적으로 다루는 곳이기에 재물운과도 중요한 관련이 있지요.

불을 직접적으로 다루는 가스레인지 주변은 항상 깨끗하게 유지하면 재물운이 좋아진다고 해요.

부엌의 풍수지리에서 주의해야 할 점이 있는데 부엌은 불을 다루기도 하고 그의 반대인 찬 기운(냉장고)이 있기도 해서 이 두 개의 기운이 부딪히지 않도록 주의해야 한답니다. 즉, 뜨거운 불을 만들어내는 가전제품과 냉기운을 만들어내는 가전제품을 나란히 두면 두 기운이 부딪혀서 집주인이 쓸데없이 과소비를 하게 된다거나 소비를 해야 하는 상황이 만들어질 수도 있다고 합니다.

실제로 저도 이사 왔을 때 냉장고 바로 옆에 전자레인지를 두었는데 정말 쓸데없는 소비가 많았어요.

우연히 이 정보를 보고 속는 셈 치고 전자레인지를 부엌 뒤쪽으로 옮겼는데 왠지 소비를 덜 하는 느낌을 받았습니다. 뭐, 믿거나 말거나이지만 일단 알게 되면 실천해보는 것도 좋은 방법이지요.

좋은 것이 좋은 것이니 살면서 풍수에 맞게 꾸며보는 것도 좋은 길로 가는 방법이 되지 않을까요?
앞에 소개한 풍수 방법으로 집에 좋은 운을 불러 모으세요.

#3

간단히 실천하는
집에 좋은 풍수지리 인테리어

저는 어렸을 때부터 대략 16번의 이사를 경험했어요.
그렇게 이사를 하면서 그때그때 풍수지리적으로 배치를 잘하려고
책을 보거나 미신이지만 어른들이 말하는 풍수지리적으로
좋다는 이야기들을 귀담아들었어요. 이사하면 항상 실천하는
집에 좋은 운을 불러오는 방법에 대해 이야기해 볼게요.

이사 전 그 집에 들어가기 전에 안방에 밥솥을 가져다 놓습니다.

우리 선조들은 주식이 쌀인 만큼 예전부터 다른 살림살이보다는 밥솥을 먼저 챙겼다고 합니다. 그렇게 부를 가져다주는 상징물이 밥솥이 되었으며 밥솥에 쌀을 채워서 제일 먼저 안방에 들여놓으면 이사 간 집에서 밥 걱정 없이 잘 산다는 미신이 생겼다고 합니다.

밥걱정 없이 산다는 이야기는
물론 좋은 이야기겠죠.
비록 미신이지만 저는 이사 전에
늘 밥솥을 가져다 놓는답니다.

이사 후에 가구를 배치할 때 고려하는 방법에 대해서도 이야기할게요.

안방에 침대를 배치할 때 예로부터 내려오는 '족열두한(足熱頭寒)'의 말에 따라서 머리는 시원한 방향에 두고 발은 따뜻한 쪽으로 향하게 합니다. 즉, 창가에 머리를 두도록 배치합니다. 이렇게 배치하면 아침에 창가에서 쏟아지는 햇살을 받으며 일어날 수 있답니다. 왠지 상쾌한 느낌이 들어요.

안방에서 침대가 주인공이 되어야 좋은 기운을 얻을 수 있다고 합니다.

침대보다 큰 장롱이나 가구가 있으면 침실의 기운이 그것에 뺏기게 되어 주종관계가 무너져 그곳에 머물고 싶은 마음이 줄어든다고 해요. 그래서 저는 편하고 큰 침대를 선호합니다. 침실에서 오래 머물고 싶거든요.

거실이 어둡다면 가족의 건강에 무리가 온다고 해요. 거실에 좋은 기운을 불러들이기 위해서 가능한 한 밝고 환하게 하는 것이 좋다고 합니다. 또한 부엌도 재물이 모이는 곳이니 밝은 등을 달아 주는 것이 좋다고 합니다.

현관이 너무 뻥 뚫려 있으면 좋지 않다는 이야기도 읽었어요. 문을 열었을 때 안이 넓게 뚫려 있다면 나쁜 기운이나 강한 바람이 안으로 한꺼번에 몰려 들어갈 수도 있다고 합니다. 즉, 밖에서 들어오는 좋지 않은 기운이 현관에서 한 템포 멈추어 정화되어서 들어오면 좋다고 해요.
그래서 저는 이사 전에 가능하면 중문 시공이나 가벼운 발, 또는 커튼을 설치합니다.

물이 모이는 화장실은 건강운과 재물운을 올려주는 공간이랍니다. 즉
화장실이 깨끗해야 재물이 모인다고 해요. 화장실은 건조하게 사용하고
환기가 잘되도록 노력하면 재물운이 좋아진다는 것, 꼭 기억하세요.

거실이나 집 안에 사람의 손이 잘 닿지 않는 곳에 식물을 두었어요.
빛이 닿지 않거나 사람의 손이 닿지 않는 음지에 식물을 배치하면 공간에
생기가 돈다고 합니다.

현관에서 맞은편으로 화장실이 마주 보이는
경우는 돈이 새어 나간다는 말이 있어요.
이런 경우 화장실 앞쪽에 가벽을 세우거나
현관에 중문을 설치하여 외부로부터
들어오는 외기(나쁜 기운)를
차단하는 것이 좋다고 합니다.

[참고 페이지]
집에 좋은 기운을 가져다주는 물건

코뚜레

엄마가 사다 준 것이에요. 요즘은 코뚜레만 전문적으로 만들어서 판매하는 경우도 있어서 손쉽게 구매 가능합니다. 코뚜레를 이용하는 방법은 이삿날 현관에 소코뚜레를 걸어 놓는 것이지요. 미신적으로 현관에 걸어두면 액운을 내쫓고 좋은 운을 집에 불러온다고 합니다.

"코뚜레가 뭐야?" 하시는 분들 있으시죠? 저도 그랬어요.
코뚜레는 정확히 소의 코를 꿰뚫어 끼우는 고리 모양의 나무입니다.

소를 부리기 위한 고삐를 코에 매는 데에 사용되는 것이라고 해요. 예전에 농경사회일 때 많이 쓰던 것이지요.
오늘날 코뚜레를 가져다 놓아서 좋은 운을 바라는 이유가 마치 부지런한 소 한 마리를 들여놓는 심정으로 모든 일이 잘 풀리기를 바라는 마음일 것이라고 생각해요.

소코뚜레는 소를 사람이 부리기 위해 길을 들이는 것뿐만 아니라 집 안에 복을 가져다주는 복덩이 역할도 했다. 소코뚜레를 방문 앞에 걸어놓으면 만사가 형통하고, 안방에 걸어놓으면 자손이 번성한다 했다. 이는 소가 열심히 일을 하면 집 안에 재물이 쌓이게 마련이었다. 논밭도 사고, 소도 늘리고, 소 팔아 자식들 뒷바라지도 했다. 집에 걸어놓는 소코뚜레는 향나무로 만들었다. 향나무는 제사 향으로 쓰는 것이기에 잡귀(雜鬼)를 물리쳐주고 집 안에 복을 가져다주는 것이라고 믿었다.

[네이버 지식백과] 소코뚜레 걸기 (한국 향토문화 전자대전)

식물

잎이 둥글고 넓은 관엽 식물은 재물운을 상승시킵니다. 식물 잎이 뾰족하거나 뿌리가 나와 있는 식물은 좋지 않습니다. 사람 키보다 큰 식물도 사람의 기를 눌러서 좋지 않다고 합니다. 또한 드라이플라워와 같은 마른 소품들도 기운이 말라 있어 집 안의 생기를 저하시켜서 좋지 않으니 피하도록 합니다.

소금

액운을 쫓아내는 것으로 조상 대대로 알려진 것이 소금입니다. 소금은 정화의 기능이 있습니다. 물의 색깔을 띠는 유리병에 조금 담아서 사람의 손이 닿지 않는 어두운 곳 구석구석, 혹은 화장실에 놓으면 좋은 기운과 탈취의 효과를 볼 수 있답니다.

스탠드

주로 거실에 놓아두는 높은 키의 스탠드는 재물을 불러들이고 가정의 불화를 예방해 준다고 합니다. 다만 사람 키보다 높이가 큰 것은 추천하지 않는다고 해요.

그림

화려한 패턴과 날카로운 물체들이 그려진 그림은 나쁜 기를 배출해 좋지 않습니다. 밝고 부드러운 기운의 그림이 좋겠지요. 또한 지나치게 많이 거는 것은 피해야 해요. 벽이 휑한 곳이 있다면 그 벽을 가볍게 채울 만한 한 개나 두 개 정도의 그림이 좋답니다.

지금까지의 이야기들은 제가 책에서 찾아본 것과 엄마에게 전해 듣고 배운 이야기들입니다.
"에이, 그런 게 어딨어." 하다가도 좋은 운이 들어온다는 것은 좋은 거니까 나도 모르게 실천하고 있더라고요. 저만 알기 아까운 풍수적으로 좋은 방법들입니다.
운수 좋은 집에서 모두 행복해지기를 바랄게요.

#4
한번쯤 꿈꿔보는 잡지 속의 집들

현실에서 시간이 날 때, 또는 이유 없이 문득, 아름다운 공간에
가고 싶을 때가 있어요. 저는요. 이럴 때 아껴두었던
인테리어 잡지를 펼칩니다. 잡지 속의 아름다운 집들을 보고 있노라면
시간 가는 줄 모르죠. 아름다운 집. 나도 그렇게 살고 싶은 욕망을
갖게 하고, 보기만 해도 행복해집니다. 잡지를 보다가 기억에 남았던
몇몇 아름다운 공간을 소개할게요.

여기 매력적인 파란색 타일로 꾸며진 집이 있습니다.
인테리어 디자이너인 그녀의 집은 나무로 집의 분위기를 잡아주는
웨인스코팅 대신 타일로 벽을 꾸미는 센스를 발휘했어요.
푸른 타일과 원목의 식탁 색이 조화롭게 어울리는 다이닝룸.
다이닝룸 입구에 있는 책들과도 너무 조화롭게 어울립니다.

PART 2 집이 들려주는 이야기

매력적인 파란색 타일 벽

세상에! 이 푸른 화장실 좀 보세요. 너무 아름답죠.
파란색 타일이 촌스럽지 않고 이렇게 조화롭게 어울릴 수 있다니…….

파란색 타일의 화장실

타일로 꾸며진 다른 색감의 공간을 한번 볼까요?
부엌에 갈색 빈티지 타일을 매치한 이 부엌도 색다르면서 아름답죠.
민트색과 갈색의 조합이 색다르면서 너무 아름다워요.

갈색 빈티지 타일과
민트색의 조화

타일은 집을 화사하면서 빈티지한 느낌,
혹은 재질에 따라 세련된 느낌을 줍니다.
위의 집처럼 색을 많이 이용해서 꾸며진 것도 좋지만,
편안한 스타일의 베이지톤 스타일도 요즘 좋아지고 있어요.
베이지톤이 톤톤이 쌓인 집들은 마음도 눈도 편안하게 만들죠.
거기에 몇몇 파스텔톤 포인트 색을 더하면 포근하면서도
우아한 아름다운 공간이 탄생합니다.

PART 2 집이 들려주는 이야기

베이지톤의 방

여기 베이지 바탕에 파란색을 덧대어 더욱 우아해지고 풍성해진 침실과 거실이 있어요. 파란색의 패턴들과 질감이 베이지와 참 잘 어울립니다.

파란색과 베이지 컬러의 조화

아래의 거실에는 아기자기한 패턴을 가진 타일이 벽난로를 더욱 매력적으로 만들어주고 있네요. 베이지보다 색을 좀 더 더한 파스텔 톤이 주를 이룬 인테리어도 마음을 편하게 하면서 예쁘고 포근합니다.

파스텔 톤이 이루어진 공간

이런 공간을 잡지 속에서 볼 때마다 '아! 이곳에서 한 번만 머물고 싶다.' 라는 생각을 해요. 상상만으로도 행복해지는 느낌!

패턴 타일의 매력적인 거실

우리 주위에서 쉽게 볼 수 있는 흰색 벽에 센스 있게 가구와 소품을 매치했을 뿐인데도 잡지 속에 있는 집들은 매력이 철철 넘치죠.
단순해 보이지만 깔끔한 흰색은 무엇이든 배경이 되어 주는
만능 엔터테이너예요.

여기 보이는 매력적인 집의 한 부분을 보세요. 흰색 바탕에 나무색 패턴, 진한 네이비색, 빨간색 등의 원색이 참 잘 어울리죠. 마치 조화로운 자연을 보는 것처럼 색의 강약과 가구와 소품의 재질 등이 만나서 공간을 더 풍요롭게 만들어 주는 것 같아요.

강약이 이루어진 집

공간을 인테리어할 때 많은 색을 보다가도 흰색을 꼭 넣게 되는 이유가 그들 속의 어울림이 가장 잘 되어서일 거예요.
흰색 벽에 분홍색과 진한 베이지의 나무 톤이 어우러진 이 공간.
정말 탐나네요.

흰색과 분홍색의 조화

영국 인테리어 잡지 「country homes」에 소개된 그녀의 작업실을 보세요. 푸른색과 보색인 노랑의 조화, 그리고 창가의 매력적인 작업 책상까지 너무 아름답지 않나요? 이런 곳에서는 안 그려지던 그림도 잘 그려질 것 같은 행복한 느낌이 듭니다.

창가의 매력적인 작업실

이런 공간을 작업실로 가진 그녀가 정말 부러워요.
이렇게 끝도 없이 나오는 매력적인 인테리어 잡지 속 집들…….
때때로 아름다운 공간을 보면서 내가 가진 듯한 착각,
상상을 할 수 있게 해주기에 저는 인테리어 잡지를 보는
이 시간을 즐긴답니다.

머물고 싶은 베이지톤 거실

PART 2 집이 들려주는 이야기

시간이 날 때 인테리어 잡지를 펴 보세요.
풍성하고 아름다운 공간을 눈에 가득 담고 시간을 보내다 보면
마치 그곳으로 여행을 다녀온 느낌이 들어요.

#5

오래된 집의 매력을 담은 책, 빈티지 홈

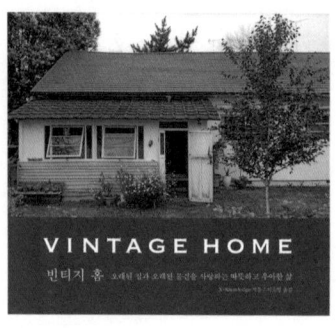

이 책을 읽기 전에는 '여느 인테리어 책과 다르지 않겠지.'라고 생각했지만 읽고 난 후의 감상평은 내 생각이 틀렸다는 것이었습니다.

이 책은 화려하고 새로운 인테리어 시공이나 그런 인테리어를 추구하는 것이 아닌,
옛집의 모습을 가진 집 안에서 자신의 삶을 이어나가는 사람들의 이야기를 하고 있어요. 세련되지는 않지만 투박하면서 정감 가는 옛집의 정취와 현대적 감각이 모인 빈티지 홈의 모습은 참 매력적이에요.

'인테리어' 하면 늘 새로 고친 새집을 연상하던 내게 시간을 가진 집의 개념은 참신했어요. 이런 오래된 집에 살 기회가 생긴다면 나도 이들처럼 모든 것을 뜯어고쳐서 바꾸는 것이 아닌 조금씩 고쳐 손길을 더해가며 집에 내 온기를 불어넣어야겠다고 생각했습니다.

아름다운 빈티지 홈의 부분부분을 그림으로 만나보시겠어요?

한때는 기업의 사택으로 쓰이기도 했던 1960년대의 문화주택.
시간이 깃든 아름다운 정원이 집을 더 돋보이게 한다.

아름다운 고목나무 수건걸이가
있는 욕실. 조금씩 닦고 고치는
동안 아름답게 바뀌었다.

PART 2 집이 들려주는 이야기

거실 한쪽에 놓인 스페인에서 사 온
낡은 거실장. 천장이 높은 빈티지 홈의
공간과 잘 어울린다.

계단 아래 공간에 한스 울첸 암체어를
배치하여 멋지게 연출했다.

오래된 집과 아끼는 물건들과 함께
살아가는 삶.
집이란 사는 사람의 삶의 방식과
가치관을 보여주는 곳이다.

#6

직접 꾸미고 만들어서
더 아름다운 타샤 튜더의 집

타샤 튜더를 아시나요?

아마 그녀의 이름은 몰라도 그녀의 그림이나 그녀의 집과 정원 사진, 혹은 그녀가 긴치마를 입고 정원을 가꾸는 사진을 어디선가 보았을 거예요.

타샤 튜더(Tasha Tudor)는 전 세계인들이 사랑하는 미국의 작가이자 삽화가입니다. 그림책 100여 권의 글을 쓰고 삽화를 그렸으며, 그림책의 노벨상이라 불리는 칼데콧상을 두 번이나 수상한 작가입니다. 담백한 수채화 그림이 타샤 튜더 그림의 가장 큰 특징입니다.

어릴 적부터 자연 속에서 자급자족하며 느리고 단순한 삶을 살고 싶다는 꿈을 가졌던 타샤는 쉰여섯 살에 그림책을 그려 받은 인세로 산 버몬트주의 30만 평의 땅에 40여 년에 걸쳐 정원을 가꾸었습니다. 미국 버몬트주 산속에 있는 이 집은 타샤 튜더의 장남 세스가 지어준 농가입니다. 그 후에 부지런히 정원을 가꾸면서 자연주의를 실천하며 살았습니다. 타샤의 가장 큰 즐거움인 정원은 18세기 영국식으로 꾸민 커티지 가든으로 사람들에게 일 년 내내 꽃이 지지 않는 '비밀의 화원'으로 불립니다. 또한 이 농가에서 그녀의 삶은 편리함을 쫓지 않다 보니 전기나 기계의 힘을 빌면 단숨에 할 수 있는 일도 배나 더 걸리지만, 타샤의 손길이 닿으면 집과 정원과 살림은 예술이 됩니다.

이런 그녀의 삶은 자연주의 생활의 상징이 되었습니다. 이 시기에 그녀의 여유롭고 한적한 생활을 담은 책 「행복한 사람, 타샤 튜더」, 「타샤의 정원」, 「타샤 튜더, 나의 정원」이 있습니다. 타샤가 세상을 떠나기 전에 4계절 동안 농가에서의 삶과 아름다운 타샤의 정원을 촬영한 다큐멘터리 영화 「타샤 튜더」가 있습니다(두산백과 참조).

제가 타샤 튜더를 처음 알게 된 건 도서관에서 우연히 보게 된 타샤 튜더의 책이었어요. 예쁜 패턴이 들어간 긴치마를 입고 맨발로 정원을 꾸미고 있는 그녀의 모습은 저의 관심을 끌었고 매력적으로 다가왔습니다.

앞서 이야기한 것처럼 그녀는 수채화 일러스트레이션을 그리고 동화를 쓰면서 자급자족하는 자연주의 삶을 사는 작가로 유명합니다. 그녀의 자급자족에는 입고 있는 옷들도 스스로 만들어 입고, 현대 문명인 수도와 전기가 없는 집에서 생활하는 것입니다. 우리가 보기에는 불편해 보이지만, 그녀는 부지런한 이 방식을 즐기며 살아왔답니다.

그녀는 1830년대의 생활상을 살려고 했어요. 그래서 그녀가 만드는 옷들도 그 시대풍의 옷들이죠. 그녀가 만들어 입는 미국 19세기 옷들도 너무 예쁘지만, 그녀의 자연주의식 삶들과 아기자기하면서 포근함이 있는 집의 풍경이 정말 매력적으로 다가왔어요.

직접 만들고 꾸며서 아름다운 그녀의 매력적인 집.
한번 들여다볼까요?

그녀의 부엌은 크지 않아요.
딱 필요한 것들이 갖춰져 있죠.
정렬된 빈티지 찻잔들이 있는 부엌의 풍경이 단란하면서도 아름다워요.
옛날 스토브가 있는 부엌에서는 맛있는 수프가 끓여지고 있을 것 같아요.
벽에 걸려 있는 오래된 물건들에서 시간의 흔적이 보여 인상적이에요.
부엌의 소품에서 작은 물건들조차 아끼고 소중히 대했던
그녀 마음이 느껴집니다.

제가 제일 좋아하는 그녀의 작은 벽난로가 있는 거실이에요. 생전에 그녀가 몹시 아꼈다는 흔들의자. 추운 겨울 벽난로 옆 저 의자에 앉아 시간을 보내고 있으면 추위가 무섭지 않을 것 같아요.

거실 한 편, 그녀가 키우는 웰시코기들과 휴식 시간을 보내는 벽난로 옆 풍경부터 창가 쪽으로 그녀의 작고 아담한 작업실이 보이네요. 그녀의 거실은 크지 않지만, 필요한 것이 다 갖춰진 너무 포근한 거실이에요. 저는 그녀의 포근한 작업실이 참 마음에 들었어요. 저 푹신한 방석에 앉아 커튼에 스치는 바람을 느끼면서 그림을 그리면 정말 창작욕이 샘솟을 것 같다는 생각이 들었습니다.

여기는 그녀의 침실이에요. 캐노피가 있는 침대가 있는 정갈한 침실, 그리고 아름다운 패턴의 침구들. 그녀의 침실에서 앳된 소녀스러움이 느껴져요. 그녀가 매일 자고 눈뜨는 이곳은 사방으로 창이 나 있어서 밤에 달과 별을 감상할 수 있는 곳이랍니다.

그녀가 정원을 바라보며 하루에 두 번 차를 마셨던 현관 옆 공간이에요. 그녀의 다큐멘터리에서 그녀와 아들 세스가 '현재 자신의 삶이 행복하고, 많은 돈을 준다고 해도 되돌아가고 싶지 않다'라고 대화하는 장면과 이곳에서 차를 마시는 장면이 나오는데, 아름다운 정원의 풍경과 그 대화가 마음에 남아요. 나도 저렇게 하루하루 부지런히 내 삶을 후회하지 않고 살고 싶다는 생각이 들었답니다. 그녀의 정원과 집을 이어주는 이 공간에서 그녀는 차를 마시며 정말 행복했을 거예요.

그녀가 정말 사랑한 그녀의 정원. 이 정원을 위해 그녀는 얼마나 부지런했을까요? 그리고 아름답게 피어나는 꽃들을 보며 얼마나 행복했을까요? 이 아름다움을 제 그림으로 담기에는 부족하네요.

크지 않지만 그녀가 필요한 것들이 다 갖추어져 있는 그녀의 19세기 집. 화려하지 않지만, 하나하나 그녀의 손이 안 닿은 곳이 없고 직접 꾸미고 만들어서 더욱 가치 있는 그녀만의 집이랍니다.

언젠가 미국 버몬트 주에 갈 일이 있다면 꼭 타샤의 집에 들러보세요. 그녀의 부지런한 삶의 자취가 남겨진 집에서 자신의 삶을 되돌아보는 계기가 되지 않을까요? 평소 초록이 가진 여러 색감에 감탄했다는 그녀. 저도 그녀처럼 일상의 소소한 것들을 의미 있게 바라보면서 살아야겠어요. 늘 행복한 마음으로 감사하면서 말이에요.

#7

가지고 싶은 그녀들의 부엌

아주 가끔씩 여러분은 꿈꾸던 공간을 마주할 때가 있지 않나요?
영화에서, 책에서, 그리고 그 외 많은 매체에서 우연히 만나는
내가 원하는 공간. 이번에는 그런 공간에 대해 이야기해보려 합니다.

저는 유독 부엌에 대한 로망이 많아요. 많은 시간을 보내는 곳이라
그런가 봐요. 우연히 여러 매체에서 부엌을 만났었는데
특히 아름다웠던 그곳을 여기에 소개할게요.

영화「사랑은 너무 복잡해」주인공의 부엌이에요.
베이커리 카페로 성공한 그녀의 베이지와 블랙의 컬러가 포인트인
부엌은 계속 맛있는 음식이 만들어질 것만 같습니다.

또한 그녀의 카페는 정말 이곳이 실제로 있다면
초코크루아상을 먹으러 가고 싶은 그런 곳이랍니다.

또 다른 소개하고픈 부엌은 영화 「줄리&줄리아」의 부엌이에요. 방으로
이루어진 줄리아의 부엌은 에메랄드 푸른빛이 중심이 된 부엌입니다.

이 부엌을 보면서 저도 푸른 부엌을 꿈꿨답니다.
또한 오픈된 형식의 부엌이 많은 요즘, 방으로 이루어진
그녀의 부엌은 색달랐어요.

이 영화에서 다른 주인공인
줄리의 부엌은
너무 작지만 실용적입니다.
특히 원형 식탁과 함께 어우러진
부엌의 풍경이 너무 아름다워 이곳에 담아 보았답니다.

책 「블룸 앤 구떼 스타일」은 제가 서점에서 우연히 본 후 여러 번 손이 가서 결국은 사 온 책이에요. 이 책에는 가로수 길 카페 '브룸 앤 구떼'의 이야기가 담겨있는데 이 책의 도입부에 담긴, 카페의 케이크들이 진열된 카운터 사진을 보고는 반해버렸답니다. 부엌의 연장선으로 보이는 카운터의 에메랄드 벽과 조명이 참 마음에 들었습니다.

그리고 마지막으로는 제가 늘 꿈꾸는 부엌이에요. 제가 꿈꾸는 부엌은 창문 옆에 식탁을 놓을 수 있는 그런 부엌이랍니다. '창문 옆에 식탁을 두면 되지.' 하고 생각할 수 있지만 우리나라의 비슷비슷한 모습을 가진 주거 환경상 식탁은 대부분 정해진 부엌 옆 또는 벽 한 견에 두는 경우가 많아요.

부엌은 대부분 다용도실과 연결되고, 큰 창을 가지고 있는 경우도 많지 않죠. 그래서인지 항상 빛이 잘 들어오는 큰 창가 옆에 식탁을 놓을 수 있는 그런 부엌을 꿈꾼답니다.

가지고 싶은 그녀들의 부엌. 모두 스타일도 다르고 느낌도 다르지만, 부엌의 주인인 그녀들이 자신의 부엌을 아끼고 사랑하는 마음이 느껴지는 따스한 부엌들입니다.

여러분이 가지고 싶은 부엌은 어떤 부엌인가요?
마음속에 그런 부엌을 한번 그려 보세요.

#8

영화 「You've got mail」의 매력적인 뉴욕의 가을

영화 「You've got mail」 속에는
매력적인 공간이 너무 많죠.

사이버 세상에서 메일을 나누던 사람들이 현실에서 사랑에 빠지는 과정을 담은 이 영화는 조금 오래되었지만 두고두고 보아도 포근한 그런 영화입니다.

톰 행크스와 맥 라이언이 나오는 이 영화는 달콤한 분위기와 함께 아름답게 꾸며진 그들의 집, 그리고 그들이 사는 동네인 뉴욕의 가을과 겨울이 정말 매력적으로 그려집니다. 특히 뉴욕의 거리 풍경은 정말 예술이에요.

이 영화에서 처음 등장하는 맥 라이언의 집은 따뜻한 색감의 베이지톤과 아기자기한 책들의 색이 어우러져 아늑한 느낌, 꼭 한번 찾아가 머무르고 싶은 느낌을 준답니다.

또 다른 주인공인 톰 행크스의 공간은 월넛 색상의 묵직한 가구들이 어우러지는 낄끔한 방이랍니다.

이 영화에서 가장 매력적인 공간은 맥 라이언이 운영하는 'around of corner'라는 서점이에요. 말 그대로 모퉁이에 있는 이 작은 서점은 작지만 아기자기하게 잘 꾸며져 있답니다.

영화 속 맥 라이언이 운영하는 around of corner 서점

PART 2 집이 들려주는 이야기

또한 뉴욕의 가을을 보여주는 장면이
영화 중간중간에 나옵니다.

1998년 만들어진 이 영화 속에는 현재의 우리에게도
너무나 익숙한 스타벅스의 모습이 분위기 있게 그려진답니다.

두 주인공이 서로의 실체를 확인한 파티가 열린 장소도 매력적이랍니다.
두 주인공이 티격태격하며 함께 머물렀던 따뜻한 느낌의 갈색이 많은 카페도 기억에 남아요. 나도 가서 따뜻한 핫초코 한 잔 하고 싶은 그곳.
'노라 에프론'이라는 여자 감독이 섬세하게 연출한 이 영화는 시간 내서
꼭 보시기를 추천합니다. 정말 매력적인 공간들을 많이 볼 수 있어요.

마지막으로 이 영화의 가장 아름다운 장면인
리버사이드 파크의 모습을 그려봅니다.

영화 속 리버사이드 파크

#9

뉴욕의 겨울, 포근한 공간들이 매력적인 영화 「Maggie's plan」

영화 속에서 너무너무 예뻤던
영화의 그런 집을 몇 편 더 소개하려 해요.

또 다른 뉴욕을 배경으로 한 영화 「Maggie's plan」. 이 영화는
2017년 1월에 개봉했죠. 스치듯 지나간 예고편을 보며 아기자기한
영화 속 색에 끌려 꼭 봐야겠다는 생각을 했어요.

그렇게 보게 된 매기스 플랜. 이 영화는 뉴욕의 겨울을 잘 담고 있답니다.
이 영화에 자주 등장하는 워싱턴 스퀘어 공원은 겨울의 흰 눈과 벌거벗은
나무들이 잘 어울리는 곳이에요.

주인공인 매기는 엉뚱하고 독립적인 여성이에요. 사랑이 많은 여주인공이기도 하지요. 그녀의 반 지층에 시인 룸메이트와 사는 방은 입구부터 책이 가득하고 빈티지한 매력이 물씬 풍기는 방이랍니다.
붉은색 벽에 꽂혀있는 여러 가지 책들의 색이 잘 어울려 그녀의 따뜻한 마음을 대변하는 듯한 방이에요.

그녀가 아기를 낳고 결혼을 한 후 살게 되는 집도 매력적입니다. 이 집의 벽은 에메랄드와 블루 사이의 색을 가지고 있는데 벽 색깔과 잘 어우러지는 패브릭과 가구들로 채워져 있답니다. 특히 거실 한켠에 쉬는 공간과 아이의 놀이 공간을 소파로 나눈 공간 구성은 눈여겨볼 만 해요.

또한 그녀와 남편의 방 침대는 푸른 벽과 대조되도록 붉은 패브릭으로 꾸며져 있는데 그 색깔 조합 또한 참 매력적이랍니다.

매기가 고민을 털어놓는 친구 부부의 거실. 노랑이 포인트인 이곳은 정말 아늑해서 나도 같이 고민을 털어놓고 싶어졌어요.

매기와 엉뚱한 매력을 뽐내는 줄리안 무어의 거실은 조금은 심플하고 고급스럽게 꾸며진 곳인데 벽에 있는 벽난로가 매력적이었지요.

줄리안 무어와 그의 전 남편 에단 호크. 그들이 다시 이야기를 나누는 카페 모퉁이 자리 한켠의 갈색 풍경이 기억에 남아요.

캐나다 몬트리올의 숲속에 눈 오는 풍경, 하얀 뉴욕의 스케이트장 풍경은 다양한 곳의 겨울을 접할 수 있게 해주죠.

하얀 겨울,
계절과 잘 어울리는 영화,
매기스 플랜.

추운 겨울 심심한 어느 날,
위에 그려진 집의 풍경들을 찾아보며
이 영화를 보는 것을 추천합니다.

#10

집에 대한 꿈을 심어준 캐나다 가정집
"그이도와 올리브의 집"

2009년 우연히 캐나다의 작은 소도시 구엘프(guelph)를 알게 되어 그곳으로 어학연수를 갔었습니다. 표면적으로는 어학연수였지만 솔직히 말하면 그저 입시를 위해서 쉼 없이 달려온 나에게 주는 선물 같은, 그런 쉼의 시간이었어요.[1]

홈스테이의 주인으로 만난 올리브(Olive)와 그이도(Guido)는 아일랜드와 이탈리아 출신의 이민자 2세였어요. 이미 은퇴 후 삶을 즐기고 있던 이들은 정신적으로 아팠던 아들이 슬프게도 자실을 한 1년 후 저를 만나게 되었죠. 할아버지인 '그이도'가 너무 힘들어하던 할머니 '올리브'를 위해서 구엘프 대학에 홈스테이를 신청한 거예요. 운이 좋게도 저는 이 마음이 따뜻한 노부부를 만나 늦둥이 딸 같은 사랑을 받으며 지냈습니다.

---

1) 우연히 좋은 기회로 학생 때 작업한 작품들이 판매되었고 돈이 생겼습니다. 그 돈으로 무엇을 할까 고민하다가 1년의 어학연수를 기획하게 되었어요. 물론 부모님의 도움도 받았죠.

그리고 10년 정도 시간이 지난 지금까지 인터넷으로 연락하고, 2년마다 그들의 집에 머물면서 함께 일상을 보내는 가족이 되었습니다.

10년 전, 처음 그곳에 가서 제가 놀란 것은 그들의 따뜻한 마음과 함께 너무나도 아름다웠던 집이었습니다. 중산층인 그들이 사는 집은 2층의 타운하우스[2]였는데 집의 벽 색깔과 가구까지 하나하나 정성을 들여 골라 매치한 것이 표가 났고, 집은 군더더기 없이 아름다웠어요.
많은 것을 사는 것보다 있는 물건들을 지키는 것을 좋아하는 올리브와 미적 감각으로 가구 사업을 한 그이도는 집을 어떻게 꾸미고 사는지 아는 분들이었어요.

---

2) 하나의 지붕을 공유하는 주택의 형태. 캐나다에는 작은 마당이 있는 아름다운 타운하우스들이 많아요.

하얀색과 하늘색 빛으로
이루어진 편안한 부엌.

녹색의 벽과 원목 식탁이 잘 어울리는 다이닝룸.

편안한 소파와 회색 타일의 벽난로.

나무 바닥이 전체적으로
어우러진 아름다운 거실,

투톤의 녹색 벽과 너무나 잘 어울리는 소파들이 매치되어 있는
지하 방 같지 않은 지하실,

살짝 보라색이 섞인 연한 분홍색의 벽과 또 연한 녹색의 침구, 남색의
스탠드가 어울리는 궁전 같은 올리브&그이도의 방,

그리고 톤 다운된 분홍색의 벽으로 이루어진 저의 포근한 방까지
아름답지 않은 구석이란 찾아볼 수 없는 그린 집이었습니다.

비단 그이도와 올리브의 집뿐만 아니라 제가 방문한 캐나다의 가정집들은 대부분 아기자기한 벽 색깔과 따뜻한 느낌이 드는 인테리어를 가지고 있었어요. 그리고 대체적으로 아름다웠습니다. 눈이 편하면서 포근하고 아름다운 느낌이랄까요?

가정집들을 살펴보면서 부러웠던 것은 이들의 주거 환경, 즉 생활 환경이 잘 조성되어 있다는 것이었어요. 집을 이루고 있는 뼈대 같은 것들이 잘 이루어진 느낌이었죠. 작지만 머물 수 있는 정원, 자연의 경관과 어울리는 건물 등이 그저 돈의 논리에서만 지어진 아파트에 익숙한 저에게는 충격으로 다가왔어요. 내가 기억하는 주거 환경은 높은 빌딩과 차도와 인도가 몇몇 섞여 있고, 주택가의 풀들은 잡초 취급을 받으며 관리되지 않고, 건물의 색들은 대부분 회색이며, 집은 관리하는 것이 아닌 그저 몸을 누이고 사는 곳이었기에 충격이 더 컸죠.

특히 제가 기억하는 어릴 적 저희 집은 인테리어와는 상관없이 색채 면에서 서로 어울리지 않는 가구들이 줄지어져 있고, 도저히 어울릴 수 없는 소품들이 나열된 그런 공간이었어요. 물론 엄마는 삼 남매를 키우고, 직장도 다니는 수퍼우먼이었기에 집의 인테리어에 신경 쓰지 못한 것은 당연했지만요(아빠는 내가 어릴 적에 강원도에서 일을 하셔서 엄마가 대부분 집을 꾸몄다). 엄마가 되어보니 이해가 됐어요. 아마 집에 무슨 색의 가구가 있는지 볼 시간도 없었겠죠…….

나는 그런 엄마의 상황과 취향을 존중했지만, 늘 소파에 누워서 집 안의 색들을 보며 어떻게 하면 이 집의 색들이 조화롭게 어울리게 할까를 혼자 상상하곤 했어요.

"어떻게든 조금만 신경 써서 바꾸면 변할 것 같은데……."

이런 생각을 하면서도 인테리어에 무지했기에 색이 어울리지 않는 집에서 그렇게 저렇게 지내며 컸습니다.

음, 지금 생각해 보면 엄마에게 배운 집은 저에게 생존이 목적이었어요. 그게 충족되었으니 다음 단계로 넘어가고 싶었는데, 그때는 방법을 몰랐던 거죠. 아마 이때부터 색이 어울리는 집, 아름다운 집에 대한 갈망이 있었던 것 같아요.

여하튼 이런 성장 환경을 가지고 있는 제가 그들의 아름다운 집들을 보고 충격을 받은 것은 당연한 일이었습니다. 인구 밀도가 높은 대도시의 아파트는 우리와 다를 바 없지만, 그래도 기본적인 주거 환경이 나무, 풀과 함께하는 그런 건물들이 많았고, 아름다운 하우스(개별 주택)에서 집을 관리하고 책임을 지며 가꾸며 살아가는 그들의 모습이 놀라웠습니다.

물론 땅이 아주 넓은 캐나다와 땅도 좁고 인구 밀도가 세계 2위인 우리나라의 주거 환경을 비교하는 것은 전제부터 틀렸다는 것을 알아요. 건설회사로부터 제공된 이미 만들어진 주거 환경을 바꿀 힘도 우리는 가지고 있지 않다는 것도 알고요.

바꿀 수 없는 주거 환경 이외에도 이들의 아름다운 집을 보면서 충격을 받았던 것은 '기본적으로 집을 아름답게 꾸미고 산다는 점'이었어요. 요즘은 셀프 인테리어의 열풍과 집을 꾸미는 것에 대한 개념이 많아졌지만 이렇게 생활 속에서 자연스럽게 집을 꾸미고 사는 삶이라니……. 10년 전 그때는 그렇지 않았기에 저의 충격은 컸습니다.
그 충격은 곧 관심으로 바뀌었어요. 아름다운 그들의 주거 문화(집 문화)와 인테리어 된 집을 보면서 나는 그곳의 다양한 인테리어 서적과 집에 관한 프로그램만 방송하는 HGTV[3]를 거의 매일 자기 전에 시청했어요.

이때부터였던 것 같아요. 공간을 메운 가구들과 패브릭에 관심을 가지게 된 것이. 공간을 그리고 싶다고 생각한 것이.
제가 아는 공간에 대해 함께 이야기하고 싶다고 생각한 것이. 저의 삶이 이루어지는 공간을 아름답게 꾸미고 싶다는 생각을 한 것이. 사람들에게 아름다운 공간에서 삶을 살게 해주고 싶다는 생각을 가진 것이.

....

3) 북미지역의 Home&Garden TV 부동산 이야기, 레노베이션 이야기, 집을 렌털하는 이야기 등 집에 관한 이야기만 나오는 방송이에요.

사실 이곳에 오기 전에도 그림을 그렸지만 딱히 어떤 분야에 대해 관심은 없었어요. '그림을 그리는 행위'가 좋았어요. 하지만 캐나다에서의 제 관심사는 '아름다운 주거 환경', 즉 '아름다운 집'이 되었어요.

머무는 그 자체로도 아름답고 편안한 집, 물건을 쌓아 놓는 곳이 아니라, 적당한 위치를 고민하고 배치하는 집. 가구의 느낌들을 통일하여 눈이, 마음이 편안해지는 집들을 보면서 저는 '저만의 집'에 대하여 꿈을 꾸게 되었습니다.

그렇게 가지게 된 꿈을 마음에 품고 저는 한국으로 돌아왔고, 저만의 공간을 꾸미고, 공간을 그리고, 공간을 이야기하고, 다른 이들의 공간을 고치면서, 제가 가졌던 꿈들을 할 수 있는 선에서 하나씩 현실화하기 시작했습니다.

그때 그들을 만나고 그들의 집에서 지냈던 그 순간이 없었다면 이렇게 집으로 만들어 낼 수 있는 공간의 무궁무진함을 알았을까요? 운이 좋았다며 가끔 정말 감사했던 기억을 지금도 꺼내보며 지냅니다. 그리고 계속 집에 대한 꿈을 꾸며, 저 같이 집에 대한 관심과 꾸미기에 관심이 있는 사람들을 위하여 이야기를 만들어나가고 싶습니다.

셀프 인테리어와 리모델링으로
내가 만드는 그런 집

PART 3

아파트 셀프 인테리어와
30년 된 주택으로의 이사,
그리고
반셀프 리모델링

집은 꾸미고
아껴주는
것이다

#1
지친 나에게 위로가 된
인테리어 디자인

인테리어에 대해 관심을 가지게 된 계기를 묻는다면, '독립'이었다고 말할 것입니다. 공식적으로 내 공간을 갖게 된 '독립'은 그동안 눈으로만 관심 있게 보았던 나의 삶을 구체적으로 변화시킨 계기가 되었습니다.

그러나 익숙해진 독립생활과 사회생활에서 받는 스트레스는 날이 갈수록 쌓여만 갔어요. 세상에 발을 딛고 사는 삶이 버거울 때도 있었죠. 마치 잔잔한 파도에 갈 곳을 잃어 표류한 배처럼 마음이 조금씩 허해진 그런 날들……. 이 무렵 저는 저의 공간인 집을 참 열심히 가꾸고 꾸몄어요. 나만의 공간을 내가 좋아하는 것들로 채워가며 꾸미고 가꾸는 일은 지친 일상에 활력소가 되기에 충분했어요.

"몰딩과 어울리는 마음에 드는 벽지 색깔, 언제 보아도 예쁘게 느껴지는 방 문 색깔, 하루하루 자라는 싱그러운 식물들과 집에 온기를 채워주는 다양한 문양의 패브릭들.

사회생활에서의 관계는 즐거움과 우울함 사이를 왔다 갔다 하면서 감정을 교란시키고 때때로 만족을 주지 못했지만, 제 취향으로 꾸미고 가꾼 집 안의 풍경은 어떤 상황에서도 안정감과 행복감을 주었어요. 집을 아름답게 만드는 인테리어는 제게 많은 위로를 주었습니다.

감정 기복이 심한 날에도 아름답게 걸려있는 커튼의 동선을 따라가다 보면 어느새 좋은 느낌으로 바뀐 나를 발견할 수 있었어요. 그런 시간이 쌓여가면서 더욱 내 집을 가꾸고 꾸미는 인테리어 디자인에 대한 관심이 커져가며 다양한 책들과 자료를 모으고 직접 해보면서 인테리어에 사랑에 빠지게 되었던 것 같습니다.

위로받지 못한 사회에서의 관계들로 불안정하고 흔들리지만, 대부분 내 뜻대로 컨트롤할 수 있는 상황이 아닌 때가 많았어요. 하지만 나만의 감각이 깃든 공간은 내가 꾸민 그대로 그렇게 있어 주며, 나를 만족시켜주고, 심신의 평화와 안정감을 물론, 기쁨을 주었습니다. 그렇게 집은 제게 위로와 평안의 말을 건네고 저를 회복시켜 주었어요. 제가 왜 집을 가꾸고 꾸미는 인테리어를 사랑하는지에 대한 이유입니다.

저에게 인테리어가 지친 일상에 활력소를 주었듯이 이 책을 읽은 당신의 지친 일상에도 집에 대한 관심으로 집을 가꾸고 꾸미는 소소한 재미는 당신에게 위로가 되고 삶의 작은 재미도 일깨워 줄 것이라고 이야기하고 싶습니다.

PART 3 집은 꾸미고 아껴주는 것이다

#2

아파트에서 30년 된 주택으로의 이사 & 반셀프 리모델링 도전

신혼 때 외국으로 발령이 나게 될지도 모른다는 남편의 말에
외국으로 가게 되면 지금 가진 전세 자금이 붕 뜨게 되어
혹여나 날릴까 전세를 끼고 대출을 최대한 받아 집을 사게 되었어요.

하지만 그 계획은 엎어졌고,
우리는 그 집에 이사를 들어가게 되었지요.

PART 3 집은 꾸미고 아껴주는 것이다

10년을 살 것처럼 다짐하고 셀프 인테리어로
개인의 취향이 돋보이게 고친지 1년째.

아랫집에 혼자 계신 할머니가 계셨어요.
한낮에도 시끄럽다고 인터폰을 누르기
일쑤였고, 조금의 움직임에도
매번 인터폰이 울렸습니다.

나무가 보이던 아파트가 조금 지겨워질 즈음에
큰 결심을 하게 됩니다.
"다르게 지내보자. 나만의 공간을 만들자."

틈틈이 다가구 혹은 단독을 알아보러 다닌 지 1년째.
정이 가는, 그리고 살아보고 싶은 그런 집을 만났습니다.

그런 집에 이사를 앞두고 예쁘게 고쳐서
살기 위해 두 달 정도 생업을 많이 늘렸어요.
열심히 벌어서 쓸 돈이 있어야 고칠 수 있으니까요.

처음 도전해보는 주택 리모델링이라 너무 떨리고 두려운 마음이 컸지만
저를 도와주시는 인테리어 사장님과 협력하여 전체적인 디자인은 제가,
설비와 시공 부분에서는 사장님께서 도와주셨어요.
반셀프로 주택 리모델링에 도전하였습니다.

주택을 예쁘게 고치는 과정을 담아 이야기해 볼게요.
나의 집 이야기.

#3

주택으로의 이사 준비

집을 팔고 많은 생각이 교차했어요. 잘 한 걸까? 못 한 걸까?
우리나라에서 집은 무조건 아파트여야 하고
아파트 가격은 계속 오를 것만 같은데,
관리해주는 이 없는 주택에서의 삶이 괜찮을까?
주택에서는 내 집 앞은 내가 쓸어야 한다고 하던데…….
게으른 내가 할 수 있을까?

어렸을 때부터 아파트에서만 살아온 터라 많이 부지런해야 한다는 주택에서의 삶이 두렵게 느껴졌어요.

내가 사랑한 아파트 공용 화단의 나무들도, 택배가 오면 늘 친절하게 받아주시는 경비 아저씨도 왠지 너무 그리울 것 같았습니다. 내가 선택한 것에 대해 후회하고 싶지 않았지만, 왠지 후회하게 될까 봐 마음이 복잡 미묘했던 것 같습니다. 하지만 걱정이 많은 내게 남편이 이야기했습니다.

우리의 몸이 불편해지는 만큼 우리에게는 경험하지 못한 더 좋은 일들이 있을 것이라고. 든든한 그 말을 믿었습니다. 또한 우리가 늘 꿈꾸던 주택에서의 삶을 펼칠 수 있기를 스스로에게 빌었습니다.

드디어 30년 된 주택으로의 이사!

드디어 D-Day. 이삿날입니다. 17평 남짓한 집 근처 원룸을 빌려서 이사했어요. 집 잔금을 다 치르고 집수리 공사에 들어가야 했기에 예산 부족으로 좁은 집에서 생활하기로 했습니다. 그렇게 이사하는 바람에 우리는 이사비를 두 번 감당해야 했고, 짐도 두 번 싸야 했지만, 수리를 할 수 있는 상황과 내 욕망이 이루어질 수 있음에 감사했습니다. 가족의 동의와 잘 따라와 준 그 마음들이 일을 추진하는 저의 마음을 편하게 해주었습니다.
다시 본론으로 돌아와서 집을 비우고 난 다음 그동안 우리 집이었던 그 집에 안녕을 고하고, 새로 우리 집이 될 곳으로 갔습니다.

30년 남짓의 정말 순수한 모습으로 나를 맞이한 우리 집.
30년이라는 세월에 매력이 가려져 있는 듯한 우리 집.

PART 3 집은 꾸미고 아껴주는 것이다

3주간의 리모델링 공사 시작

이 매력들을 어떻게 발현시켜서
집을 고칠지 나는 빈집에 앉아 생각했어요.

3주 정도의 공사 기간을 잡았어요. 전에 아파트
에서 살 때 셀프 인테리어 경험이 있지만 이번에
는 틀이 짜여 있는 공동주택이 아니라서 100%
셀프 인테리어는 스스로 많이 부담스러웠어요.
그래서 내가 할 수 있는 부분은 셀프로,
하기 어려운 부분은 인테리어 사장님의 도움을
받기로 했습니다.

공사 전체 계획은 다음과 같은 순서로 짰습니다.

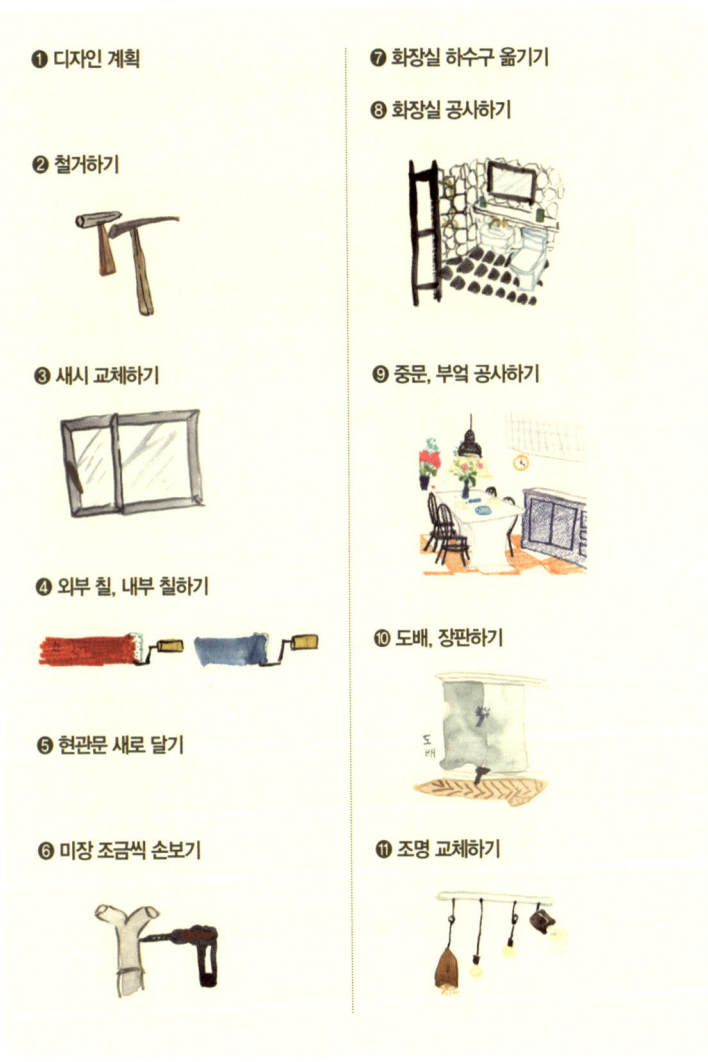

❶ 디자인 계획

❷ 철거하기

❸ 새시 교체하기

❹ 외부 칠, 내부 칠하기

❺ 현관문 새로 달기

❻ 미장 조금씩 손보기

❼ 화장실 하수구 옮기기

❽ 화장실 공사하기

❾ 중문, 부엌 공사하기

❿ 도배, 장판하기

⓫ 조명 교체하기

리모델링 예산은 삼천만 원±오백만 원

예산은 3,000만 원±500만 원 정도로 타이트하게 잡았지요. 전부터 친분이 있고, 일을 함께하던 동네 사장님을 만나 집을 둘러보고 어떻게 고칠지 이야기했어요. 집의 전체적인 느낌, 디자인은 제가 하고, 설비적인 부분은 능력자 사장님께서 전문적으로 도와주시기로 했습니다.

30년이란 시간에 매력이 숨겨져 있는 우리 집.
과연 내 디자인대로 우리의 상상대로 변할 수 있을까요?

#4

주택 반셀프인테리어(1) 시작
철거, 새시, 디자인 계획

이런저런 생각이 많은 채로 이사할 집에 앉아 있던 다음날
머릿속에만 있던 디자인이 술술 스케치가 되었어요.

먼저 기본적인 디자인을 바탕으로 공사가 시작되었습니다.

셀프 인테리어의 보통의 순서

1 철거 1day
추후에 시공할 샷시 치수, 욕실 치수, 부엌 치수등을 재서 앞으로 시공할 업체에 전달해야함.

2 확장 및 구조변경 2-4days | **2 설비 2days**

3 목공공사 2-5days

4 페인트 2-4days | **4 시트지 1-2days**

5 부엌, 욕실 베란다 등의 타일 2days

6 욕실 2days | **6 부엌 1day**
| (부엌은 상황에 따라 도배, 바닥 시공 후 해도 ok!)

7 도배 1day

8 바닥 1day

9 조명 및 콘센트 커버교체 1day
공사 전에 교체할 조명과 콘센트 커버들을 구비해 놓아야 함

10 입주청소 1day

기존 집의 구조를 존중하며 철거 시작

철거 전 새시를 실측해서 새시 제조에 들어간 후 전체적으로 철거를 시작했습니다. 우리는 기존 그대로의 집 구조를 존중하기로 했어요. 그래서 구조 변경 없이 기존에 있던 자바라, 부엌 철거, 전기선 이동, 새시 철거, 화장실 철거 등을 했습니다.

그리고 90년대 스타일의 이색적인(?) 집의 천장은 집을 지은 분의 시그니처 같은 것이어서 이 천장을 남겨두기로 했어요.

인테리어 사장님은 저에게 천장을 철거하고 심플한 천장을 달자고 했지만 저는 이 천장을 페인팅해서 남기고 했습니다. 집의 before 사진을 보여드릴게요.

새시 작업과 페인팅

철거가 끝난 후 집은 하얀 도화지 같은 느낌이었어요.

새시가 만들어져 오고 본격적으로 공사가 시작되었어요. 새시가 들어오면서 외부의 칠도 함께 진행되었습니다. 기본 페인트칠을 하기 전에 사포질과 같은 밑 작업을 한 후 칠이 어떻게 들어갈 것인가에 대해 고민하였습니다.

처음에 벽돌 부분은 밝은 아이보리, 지붕 및 다른 부분은 진한 차콜색, 이렇게 흑백의 대비로 심플하게 가려 했으나 기존의 집이 가지고 있는 벽돌의 느낌이 좋았어요.

before

저와 남편은 고민 끝에 벽돌의
색을 살리기로 했습니다.

after

재정적으로 부족한 부분이 많아서 외벽 공사는 하지 않고 외벽 벽돌의 색과 어우러지게 칠만 하는 것으로 모던하게 표현될 방법이 없을까 고민하던 중 여러 자료 사진에서 힌트를 얻어 진한 차콜색+조금 연한 회색+벽돌색 조합으로 외부의 색을 정하고 진행해 갔습니다. 남편과 제가 나름대로 포토샵으로 시뮬레이션을 해가면서 며칠 동안 색깔 표를 보고 고민한 결과였어요.

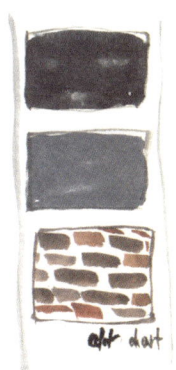

* 색 작업을 하면서 느낀 것이지만 색은 여러 번 고민할수록 좋은 선택을 할 수 있는 것 같습니다.

유쾌한 칠 시공팀과 5일간의 외부칠을 마쳤답니다.

after

어때요? 괜찮은가요? 페인트칠 이야기는 할 말이 많아서
내부 칠 페인팅 이야기에서 이어가겠습니다.

#5

주택 반셀프인테리어(2)
내부 칠 페인팅과 현관문 바꿔 달기

원래 현관문은 옛날 문이었어요.

안의 불빛이 들여다 보이는 옛날 문 말이죠.

before

문이 너무 작고 유리도 깨진 곳이 있어서 현관문은 이번 공사 때 방화문으로 갈아야 한다고 생각하고 있었어요. 철문을 만드시는 사장님께서 오셔서 실측을 하고 민자 철문을 만들어 와서 달았고 문에 몰딩을 예쁘게 달아 클래식한 문이 되도록 했습니다.

after

문의 완성은 칠이었어요. 현관문은 영화 '노팅힐'에 나왔던 파란 문을 늘 상상하고 생각했었기에 파란 색상 안에서 어떤 채도를 가진 색상을 고를 건지 고민을 해야만 했습니다.

현관문의 이야기는 여기까지 하고 전체적인 내부 칠 이야기를 하도록 할게요.

내부 칠은 방문, 창틀, 몰딩, 걸레받이를 칠하는 작업이었어요. 집 안 내부의 색을 선택하기 위해서 색 사장님께서 주신 색깔 표를 아주 꼼꼼히 매일 봤어요.

색깔 표에는 너무 예쁜 색들이 많아서 이 색이 나을까? 저 색이 나을까? 고민하면서 칠하고 싶은 색을 축약해 갔습니다.

사실, 내부 칠 색깔 중에 마음속으로 생각한 기본 기준들이 몇 가지 있었어요. 욕실 문은 진하게, 방문은 조금 베이지빛으로, 몰딩과 걸레받이는 흰색으로, 현관문은 앞서 언급했지만 영화 노팅힐에서 보고 반했던 강렬한 파란색으로 칠하겠다는 계획이었답니다.

매일매일의 고민과 머릿속에 미리 세워둔 기본 틀에 따라서 화장실은 푸른빛의 조금 진한 회색을 칠하고, 신발장과 안방 문, 작은방 문, 천장의 몰딩은 연 베이지색으로 정했습니다. 또한 기본 베이스의 아이보리 화이트, 포인트가 되는 현관문은 파란색으로 조합해서 집의 전체적인 분위기를 색으로 이끌고 나갔습니다.

* **색을 고를 때 팁**: 어떤 벽지 색, 어떤 바닥을 할지 미리 염두에 두고 고르는 것이 중요 포인트예요. 자신이 그저 좋아하는 색들을 골라 칠하고 또 그 뒤에 이것과 어울리는 마감재를 찾는다면 집이 처음 계획과는 다르게 산으로 갈 수도 있어요. 꼭 집의 전체적인 디자인 틀 안에서 색을 골라주세요.

완성된 집 내부의 색을 보여드릴게요. 어때요? 은은하게 포인트가 되죠?!

이번에는 내부칠 색깔 중에서 가장 마음에 드는 핑크 베이지빛의 안방 문의 색과 거실 천장 몰딩 색이에요.

한동안 제가 가장 좋아하는 색이 될 것 같아요. 매일매일 바라보아도 질리지 않아요.

after

완성된 파란색의 현관문　　**after**

인테리어 과정 중 칠(도장)은 유일하게 내가 좋아하는 어떤 색도 뿜낼 수 있는 그런 자유로운 과정이에요. 여러분도 집을 리모델링할 때 칠 작업을 즐기며, 자신의 색을 골라 집에 콕콕 포인트를 주세요. 집 안의 색들을 바라보면서 매일 행복해질 거예요.

#6

주택 반셀프 인테리어(3)
타일, 그리고 화장실

칠과 함께 진행된 공사는 화장실 타일, 화장실 마감, 그리고 내부 단열 공사였어요.

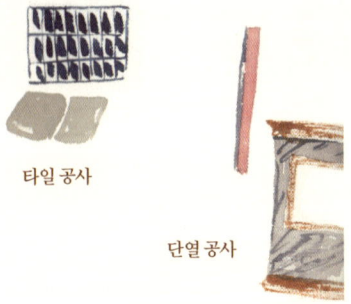

타일 공사

단열 공사

타일 공사와 함께 주택은 사방이 외부와 닿는 벽으로 되어 있기에 겨울에 추울 것을 대비하여 내부 단열 공사를 했습니다. 아이소핑크를 외벽 부분과 맞닿아 있는 내벽에 붙여 내부 단열을 공사했습니다. 목수분이 오셔서 공사를 해주셨답니다.

타일은 부엌 타일(바닥과 벽), 그리고 화장실 타일, 베란다 타일, 현관 타일을 골라야 합니다.

◦ 부엌 타일

부엌은 꿈꿔 오고, 하고 싶던 빈티지 느낌이 물씬 나는 네이비색 작은 타일을 길게 세로로 붙이기로 했고, 부엌 바닥에 있는 조금의 공간은 무난한 회색으로 기름때 방지를 위해 깔기로 했어요.

◦ 현관 타일

집의 첫인상을 주는 현관 바닥 타일은 빈티지한 느낌의 흑백이 함께 있는 디자인의 타일을 골랐습니다. 빈티지한 신발장과 잘 어울릴 것 같았어요.

◦ 베란다 타일

그리 넓지 않은 베란다 타일은 타일 가게에 가자마자 눈에 확 들어온 헤링본 무늬가 있는 검정의 진한 타일을 깔았지요. 미리 생각해둔 베란다의 회색 등과 잘 어울렸습니다.

◦ 화장실 타일

화장실의 타일은 예전 집에서 쓰던 맞춤 욕실 상부장을 가져올 예정이어서 연그레이의 상부장 색에 맞추어 전체적인 색을 정했어요. 화장실 벽면은 대리석 비앙코 카라라 무늬가 들어간 타일을 고르고 바닥은 무난하게 진한 회색의 논슬립 타일을 골랐지요.

시공 후 사진을 하나하나 보여드릴게요.

화장실은 앞서 언급한 대로 기존에 있던 수제 욕실장+대리석 무늬의 벽타일+무난한 바닥 타일, 그리고 예전부터 사두었던 베이지톤 무늬의 커튼이 어우러져 예쁘고 무난한 화장실이 되었답니다.

예전에는 화장실이 그 어떤 공간보다 개성이 빛나기를 바랐지만 여러 번의 공사를 해보니 화장실은 집에서 가장 실용적이어야 하고 가장 눈이 편하고 무난한 그런 공간이 좋다는 생각을 하게 되었습니다. 그래서 이번 화장실은 내게 편안한 화장실로 꾸몄답니다. 디자인의 강약 중에서 약으로 힘을 뺐다고 설명하는 것이 맞는 것 같아요.

before　　　　after

#7

주택 반셀프인테리어(4)
셀프 중문

공사 중에 셀프로 진행한 공사가 있어요.
그건 바로 중문과 부엌이에요.

중문 먼저 이야기하자면
중문은 크게 여닫이와 미닫이 중에서 고민했습니다.

여닫이는 앞뒤로 여는 문이고, 미닫이는 옆으로 밀어서 여는 문을 말해요.

예전 집이 여닫이였는데 조금 불편한 감이 있었어요. 하지만 디자인이 미닫이에 비해 '클래식'하다 해야 할까요? 그래서 고민을 많이 했지요. 처음에 여닫이 업체를 만났고 그림과 같이 연회색의 여닫이를 고민했지만, 이번에는 조금 다르게 하고 싶었어요.

기존의 둔탁한 미닫이 디자인은 싫어서 여러 개를 찾아보던 중 슬림 미닫이를 찾게 되었어요. 그 문을 보자마자 제 눈이 반짝반짝 '이거다!!'라는 생각이 들었어요.

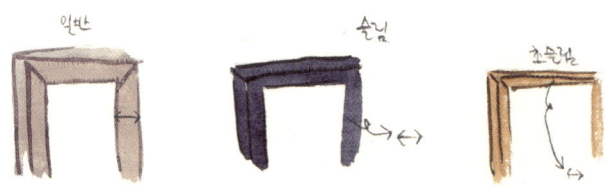

* 기존의 미닫이 디자인과 슬림 디자인의 차이점은 문의 두께예요. 일반적인 기본 미닫이문은 많이 두껍고 두툼한 느낌이라면, 슬림이나 초슬림이라는 이름을 가진 미닫이는 문의 두께가 얇습니다.

처음에 계획한 색은 진한 그레이색 계열. 하지만 업체의 시공 사진에서 중문의 색을 보니 검은색이 깔끔하고 예뻐서 검은색 중문을 시공하기로 했습니다. 왠지 타일과 신발장 색과도 검은색이 어울릴 것 같다는 생각이 들어서였죠.

시공 5일 전에 실측을 하고 시공 날 문을 제작해서 오셨고 뚝딱뚝딱 설치해 주셨답니다.
중문으로 현관이 한껏 멋있어진 우리 집. 예쁘죠?

after

after

중문은 소리를 막아주고 단열의 효과도 있지만
인테리어의 포인트가 되는 시공임을 다시 한번 느낀 공사였습니다.

#8

주택 반셀프인테리어(5)

셀프 부엌

부엌은 공사할 때 항상 제가 정성을 쏟는 곳이에요. 가족의 먹거리가 탄생하는 곳이기 때문이죠. 매일매일 내가 활동하는 곳이기도 하고, 부엌은 여러모로 정말 소중한 곳입니다.

이번 부엌은 마음속에 계획한 것이 있었어요. 흰색 상부장에 어두운색 하부장, 갈색이 조금 섞인 어두운 계열의 인조대리석, 그리고 네이비색 타일을 중간에 보이게 하고 싶었습니다.

인테리어는 남들이 보기 좋은 것이 아닌, '자신이 사랑하는 스타일을 자신의 공간에 나열하는 것'이라고 생각해요.

그래서 저는 대부분의 공사하는 분들이 쉽게 질릴 것이라고 말하는 네이비색 타일로 하고픈 대로, 그리고 계획대로 시공을 결정했어요.

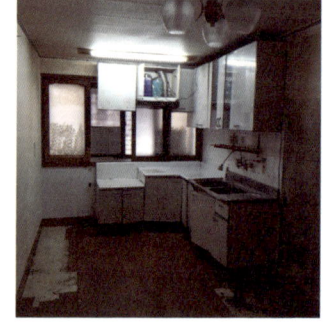

before

◦ 디자인

부엌의 구조에 대해 짚고 넘어가야 합니다. 들어가자마자 부엌이 보이는 매력적인 이 집의 부엌은 불행히도 좁은 구조의 부엌이었습니다. 30년 전에는 냉장고가 그렇게 크지 않았을 때이고, 그때 당시만 해도 싱크대가 클 이유를 느끼지 못했을 거로 추측해요.

 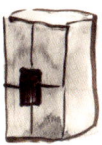

직사각형의 구조에 매력적인 큰 창을 가지고 있는 부엌은 제가 부엌을 쓰려면 조금은 다르게 구조를 고민해볼 필요가 있었습니다.

이곳은 아파트처럼 다용도실이 없기 때문에 살림을 좀 해본 저는 쓰레기도 모으고, 재활용도 간단히 쌓아두는 그런 숨어 있지만, 실용성이 많은 공간을 만들고 싶었습니다. 그래서 처음에는 냉장고를 우측에 놓는 것으로 계획했다가 이 구조로는 기인 같은 냉장고가 예쁜 부엌을 다 가리고, 실용적인 공간도 없다는 단점을 깨달았습니다. 그림 같이 냉장고의 위치를 바꾸었더니 실용적인 비밀 공간이 있으면서도 매력적인 부엌이 언뜻언뜻 보이는 그런 부엌 구조가 완성되었답니다.

보이기는 이쁘나 비밀공간이 없음 | 비밀공간이 있고 실용적임

◦ **시공**

셀프로 처음 부엌을 시공하면서부터 늘 함께하던 부엌 회사 실장님이 오셔서 부엌 실측을 하시면서 구조에 대해 도움을 많이 주었습니다. 제가 이 회사를 꾸준히 이용하는 이유는 제 취향의 손잡이를 어떠한 틀에 상관없이 달아주고, 사설 업체이기 때문에 부엌의 규격을 자유롭게 할 수 있다는 장점이 있어서입니다.

다양한 모양의 손잡이

앞서 언급한 대로 부엌의 기본 디자인은 흰색 상부장과 진회색의 하부장을 고르고 내 부엌에서 빼놓을 수 없는 손잡이는 을지로 4가 철물점에 가서 직접 보고 샀습니다. 손잡이를 고를 때 인터넷으로만 보고 샀었는데 직접 보니 달았을 때 어떤 느낌일지 예상도 되고, 딱 원하는 것을 고를 수 있었습니다.

*인테리어를 계획할 때 시간이 모자라서 인터넷으로만 보고 사는 경우도 많겠지만, 시간이 허락한다면 조명도, 작은 소품들도 직접 보고 사는 것을 추천합니다.

PART 3 집은 꾸미고 아껴주는 것이다

일 잘하시는 시공팀이 와서 부엌을 계획대로 뚝딱뚝딱 만들었습니다. 애초에 계획하였던 네이비색 타일과 부엌의 조화는 정말 잘 어울렸습니다. 요리하는 공간의 큰 창도 정말 마음에 들었습니다. 이렇게 내가 사랑하는 것들이 모인 부엌이 완성되었습니다!

after

#9

주택 반셀프 인테리어(6)
공간이 풍요로워지는 벽지

이젠 벽지에 대해 이야기해 보려 합니다.

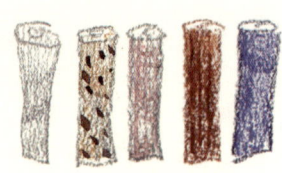

인테리어 공사의 마무리 단계인 벽지는 공간을 어우러지게 하는 중요한 공사입니다. 벽지를 고를 때는 그 공간에 있는 조명의 종류, 색, 페인트 몰딩 색, 문 색 등을 생각하며 고르는 것이 좋답니다.

이 모든 것을 아무르는 벽지를 선택하면 벽지로 마무리된 공간이 더 풍요로워진답니다.

요즘은 많은 색과 잘 어울리는 그레이 색의 벽지가 유행이죠. 회색은 가구의 내추럴한 나무색과 잘 어울리고 화이트, 베이지 등의 채도가 낮은 모든 색을 품어주는 그런 색이기 때문에 벽지로 회색을 선택하면 대부분의 공간과 무난하게 어울린답니다.

회색의 벽지도 다 같은 것이 아니랍니다. 여러 텍스처(질감)와 디자인을 가진 많은 종류가 출시되어 있습니다.

민자의 디자인 벽지,

올록볼록한 텍스처(질감) 벽지,

헤링본 무늬기 디지인되어 있는 벽지,

체크 디자인이 들이긴 벽지 등 같은 회색의 벽지라 해도 종류가 무궁무진하지요.

여기서 벽지의 종류에 대해서 간단하게 짚고 넘어갈게요.

◦ 실크벽지

PVC 재질이 벽지 표면에 입혀져 있는 벽지로써 고급스러운 느낌이 있죠. 그리고 뒤에 설명될 합지(종이벽지)보다는 입체적 텍스처(질감)로 다양한 인테리어 표현이 가능합니다. 디자인적인 부분에서 더 다양하고, 한 번 더 코팅되어 있어서 오염에 강해 아이들의 낙서를 쉽게 지울 수 있는 장점이 있죠. 또한 실크벽지는 시공할 때 반드시 부직포를 붙이고(도배 용어로 건다고 표현합니다.) 그 후에 실크벽지를 붙이기 때문에 울퉁불퉁한 벽의 표면이 조금은 완화되고, 깔끔하게 시공이 됩니다. 하지만, 그만큼 시공비도 합지(종이벽지)에 비해 두 배 정도 비싸답니다. 또한 종이 위에 비닐 재질이 입혀진 것이라서 벽의 통풍이 좋지는 않습니다.

◦ 합지벽지

말 그대로 종이로 이루어진 벽지입니다. 디자인적으로 실크보다는 덜 다양하지만 '종이'로 이루어져 있으니 통풍이 잘 됩니다. 그렇기 때문에 아이가 있는 집이나
피부가 약한 분들의 집에 추천하는 벽지입니다. 요즘은 합지도 실크벽지처럼 디자인과 종류가 많아지는 추세입니다. 대부분 합지는 싸게 시공한다 생각해서 벽에 바로 바르는 것이 대부분입니다. 때문에 벽면의 느낌이 그대로 드러나기도 합니다. 벽면의 표면이 고르지 않은 경우 시공비를 더 들이면 선택적으로 부직포를 걸고 벽지를 붙이거나, 실크벽지 시공과 같이 전체적으로 부직포를 걸고 시공할 수 있습니다. 그리고 '종이'이기 때문에 낙서와 오염에 약하답니다.

실크와 합지는 재질 차이 이외에도 벽지와 벽지가 만나는 이음새에서 큰 차이가 있습니다. 실크벽지는 벽지끼리 만나는 부분에 이중 도배를 하여 말끔히 시공이 가능하지만, 합지는 배접으로 만들어서 이음새끼
리 덧방으로 시공되어 벽지끼리 맞물려 시공이 됩니다. 아래의 그림을 보면 더 잘 이해되실 거예요.

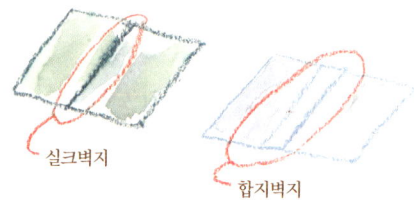

실크벽지 / 합지벽지

결국 실크는 이음새 부분이 흔적 없이 말끔히 시공되지만 합지는 이음새 부분이 흔적이 남는 것이 단점이지요. 그 외에도 단열벽지 등 기능을 가진 벽지들이 있지만 대표적인 두 가지에 대해 알아보았습니다.

저는 개인적으로 저렴한 시공비와 '종이'라는 재질을 좋아하여 벽지 시공은 꼭 합지로 한답니다. 이번 주택 시공에서도 합지 시공을 하였습니다. 시공 시에 품을 더 들여서 벽면에 부직포를 걸어 벽면의 표면을 정리한 후 합지를 시공하였고(품을 더 쓴다는 것은 도배하는 사람을 더 쓰는 것을 의미합니다. 그렇게 해도 가격이 2배 정도 비싼 실크 벽지보다는 저렴하답니다.) 천장은 넓어 보이게 흰색으로 통일하였습니다. 저는 방마다 벽지의 디자인을 다르게 골랐답니다.

거실부터 이야기하자면, 거실에는 사진과 같이 울퉁불퉁한 텍스처(질감)의 붉은 기가 도는 회색 벽지를 골랐답니다. 회색이라 해도 회색의 톤이 다양하기에 어떤 톤이 많이 들어간 회색을 고를 것인가를 염두에 주면 자신의 집에 어울리는 회색 벽지를 고를 수 있답니다.

거실 벽지

울퉁불퉁한 질감의 회색 벽지는 거실의 분위기를 고급스럽게 보이게 해요. 질감 때문에 마치 패브릭을 벽지로 쓴 느낌이 들었습니다.

거실 벽지

안방은 조금 편안한 느낌이 들게 위아래로 헤링본 무늬가 이어지는 진한 회색의 벽지를 썼습니다. 완전히 회색으로 이루어진 것이 아니라 헤링본 무늬의 중간중간에 흰색이 섞여 있기 때문에 벽지가 어둡지 않고 차분해 보인답니다. 거실보다 벽지에 잔잔하게 무늬가 있어서 질감이 더 두꺼워 보이고, 안방 벽지를 보는 분마다 실크 벽지냐고 묻는 분들이 많았어요. 이렇게 잔잔한 무늬가 있으면 합지벽지의 단점인 이음새 부분끼리 티가 나는 부분도 민자의 벽지보다 덜 나서 단점이 보완된답니다. 헤링본의 잔잔한 무늬가 풍부한 질감을 주어서 공간을 잘 채워주는 듯 보여 저는 만족스러웠어요.

안방 벽지

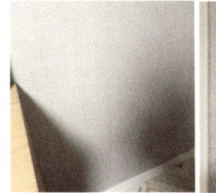 

작은방 1은 안방에 사용된 헤링본 무늬의 벽지를 쓰되, 색이 조금 더 연한 벽지를 썼습니다. 매우 작은방이라 연한 색을 도배함으로써 넓어 보이는 효과와 함께 가구와도 담백하게 잘 어울리게 했습니다.

작은 방1 벽지

아이의 놀이방이 되는 작은방 2는 진한 네이비색의 벽지를 골랐어요. 예전에 친구 집에 갔다가 포인트를 준 네이비색 벽지가 마음에 들어 다음에 공사를 하게 되면 '꼭 방 하나는 진한 네이비색 벽지로 해야지!' 했는데 이렇게 아이 방에 적용하게 되었답니다. 작은방 2는 길고 커서 진한 네이비색으로 방을 꾸며도 공간이 협소해 보이지 않고 방을 포근하게 채워주는 듯한 느낌을 준답니다. 회색 벽지와는 또 다른, 마음이 차분해지는 느낌을 주는 색이에요.

작은 방2 벽지

여러분도 벽지를 고를 때 우선 어떤 재질의 벽지를 할 것인가를 선택하고, 미리 내가 하고 싶은 색감을, 또는 색상의 톤을 생각한 후 벽지를 고르세요. 원하는 색감 안에서, 벽지 샘플을 통해 보이는 다양한 텍스처(질감)와 무늬의 벽지를 고르면 좀 더 수월히 고를 수 있을 거예요. 모든 색감을 통일하기보다는 한 공간 정도는 조금 튀거나 혹은 하고 싶었던 색으로 골라보는 것도 색다른 공간을 만드는 방법이죠. 생활 속에서 다양한 색감과 디자인을 만나는 건 즐거운 일이니까요.

#10

주택 반셀프인테리어(7)
전체적인 분위기를 책임지는 바닥

바닥은 여러 종류가 있습니다. 우선 많이 시공하는 마루부터 이야기하려 합니다.

강화마루는 MD보다 밀도와 내구성이 뛰어난 HDF 소재로 재료 표면 강도와 유지 관리의 편리성을 높인 소재입니다. 장점은 표면 강도가 뛰어나고, 눌림 자국이 생기지 않는다는 점입니다. 바닥에 본드를 사용하지 않아 친환경적이지만 자연스러운 목재 특유의 질감이 떨어지고 물에 약하답니다.

강마루는 고밀도 멜라민판을 합판에 붙인 것입니다. 강화마루의 장점인 표면 강도를 살렸고, 수분과 열에 적응력을 높인 제품입니다. 어린이가 있어 바닥에 스크래치가 많은 주거 공간에 시공하면 좋습니다. 최근 가장 많이 시공하는 재료이죠.

원목마루는 2~5mm의 원목을 합판에 접착한 제품입니다. 최대 장점은 원목의 자연스러운 질감과 색상입니다. 보행시 쿠션감과 촉감도 좋습니다. 원목이 지저분해지면 샌딩과 재도장을 할 수 있어 수명이 깁니다. 단점은 가격이 비싸다는 것이죠. 그리고 습기와 열 변화에 굉장히 민감하고 유지 관리에 많은 주의가 필요합니다.

다른 재질의 바닥재로는 데코타일과 장판 등이 있습니다. 데코타일은 마루 모양의 우드 데코와 사각 데코가 있습니다. 표면 강도가 뛰어나고 다양한 디자인을 가지고 있습니다. 주로 사무실이나 상업 공간에 사용되었지만 최근에는 주거 공간에도 많이 적용하지요. 시공 방법이 마루 시공과 비슷하고 가격이 마루보다 저렴하다는 장점이 있습니다.

장판은 물걸레질이 쉽고 틈이 없어서 먼지 관리가 쉽습니다. 단점은 예쁘지 않다는 점이지만 요즘에는 헤링본 무늬같이 리얼한 무늬도 나오고 디자인의 퀄리티가 점점 더 좋아지고 있답니다.

저는 앞서 한 공사들로 예산 초과의 사태를 맞이하였어요. 그래서 마룻바닥 시공보다는 조금 더 저렴한 데코타일과 장판 중에서 고민하다가 우리 집 바닥이 일괄적으로 평평하지 않고 상태가 좋지 않다는 사장님의 조언에 따라 한 번에 깔 수 있는 장판을 선택했답니다.

아이가 있기 때문에 장판 중에서도 고급형에 속하는 두께 3mm의 두꺼운 장판을 골랐고 디자인은 예전부터 예쁘다고 생각했던 아이보리빛의 헤링본 장판을 깔았습니다.

처음에는 선택하고 시공 날 전까지 '너무 밝지 않을까? 너무 밝으면 관리하기 어렵다는데, 괜찮을까?' 하는 고민을 많이 했지요. 하지만 시공 후 그것이 기우였다는 생각을 하게 되었습니다. 헤링본 무늬에 아이보리빛이 섞여 있는 빈티지 스타일의 장판은 나무 마루 같은 느낌을 주었고, 이사 오는 날 일하시는 분들은 마루인 줄 알았다며 실용성이 좋다고 많이 칭찬해 주셨습니다.

그만큼 무늬가 잘 나왔고 고급스럽게 보인다는 얘기 같아서 저는 만족했습니다. 게다가 이 장판을 시공한 후 우리 집은 카페같이 집의 분위기가 '확' 살아났답니다. 밝아서 넓어 보이는 효과는 덤이지요.
여러분도 바닥을 선택할 때는 위에서 이야기한 종류를 먼저 선택한 후 전체적으로 자신이 원하는 색감(나무 톤, 스톤 톤)을 정해야 합니다.

예를 들면, 나무 톤을 바닥에 깔 예정이라면 월넛 톤의 진한 톤인지, 내추럴한 나무 톤인지 정한 후 그 톤의 색 안에서 무늬를 고르면 수월하게 고를 수 있답니다.

앞에서도 언급했지만, 요즘 장판 디자인은 예전같이 크기가 일률적이지 않고 나무 패널의 크기가 작은 것도 나오고, 헤링본 무늬도 나오고, 두께도 여러 종류로 나오기 때문에 최대한 많은 샘플을 보고 선택하기를 추천합니다.

저의 개인적인 생각이지만 장판 디자인 중에 샘플에 있는 나무 패널의 크기가 기존 사이즈보다 작은 것을 고르면 조금 더 장판처럼 느껴지지 않고 나무 마루를 깐 느낌이 든답니다. 장판의 장점은 가져가면서 나무 마루 느낌이 나면 더 좋고 예쁠 테니까요.

보통의 샘플   추천하는 샘플

공간의 완성미를 더해주는 바닥! 독자 여러분들도 인테리어 공사 마무리 단계인 바닥을 고를 때는 자신이 가진 가구나 집의 페인팅 색, 벽지 색 등을 한 번 더 떠올리며 어울리는 톤을 신중히 골라보세요. 그래서 예쁘고 마음에 드는 바닥에서 우리 즐겁게 살아요. 예쁜 바닥을 보며 즐겁게!

after

#11

주택 반셀프인테리어(8)

마무리, 전기 조명 공사

도배, 장판을 끝내고 이제 남은 공사는 조명, 전기 공사입니다. 페인팅, 도배, 장판 등의 공사로 깔끔해진 집에 정성스레 고른 조명만 달면 공사가 끝납니다! 전기 공사는 인테리어 사장님께서 공사하시는 분들만 연결해 주시고 조명 공사 1주일 전에 제가 직접 조명을 골라서 샀습니다.

제가 구매한 등은 다음과 같아요. 장소마다 벽지 색과 방의 전체적인 느낌과 어우러지도록 골랐습니다.

1. 거실 등은 천장 거실의 멋진 문양 안에 넣을 화려한 골드 등을 마음에 두고 있어서 바로 결정했어요.

2. 거실의 레일 등은 튀지 않게 흰색의 등으로 하려다가 너무나 예쁜 네이비, 골드, 블랙이 조화된 등을 보고 거실의 골드 등과도 잘 어울릴 듯하여 결정하였습니다.
한 장소에서 '골드'라는 색으로 공통점을 묶어서 함께 단 등이 매력적입니다.

3. 부엌 등은 부엌에서 요리할 때 메인 등을 매입 등인 할로겐 등으로 할까 망설였지만 평소에 좋아하고 눈여겨보던 빈티지 색깔의 예쁜 긴 구리색의 등을 택했습니다.

4. 부엌의 식탁 등은 심플하고, 원의 지름이 큰 등을 꼭 달고 싶었습니다. 검은색이 주는 무게감이 부엌에서 좋은 조형의 미로 보이더라고요. 그래서 여러 번 검색하고 찾아본 결과 무광의 벨벳 느낌이 나는 지름 45cm 등을 달았습니다.

5. 안방 등은 사실 작은방 등(1)이었는데 막상 달고 보니 4개의 직부등이 너무나 어울리지 않았습니다. 그래서 작은방 등에 단 베이지 등과 바꾸어 달았습니다.

6. 작은방 등(1)은 5번의 안방 등과 바꾼 회색의 심플한 직부등이었습니다.

7. 작은방 등(2)는 흰색 3개의 등이 달려 있는 심플한 모양의 직부등이었습니다. 제가 작은방 등을 다 흰색 프레임으로 고른 이유는 흰색 등은 흰색의 천장 벽지와 함께 어우러져 천장에서 눈길이 머무르지 않고 튀지 않아서 공간과 자연스럽게 어우러지기 때문입니다.

8. 베란다 등은 기존에 아끼던 등을 떼 와서 달았는데 베란다를 회색으로 칠하고 타일을 검은색으로 깔아서 잘 어울렸습니다.

9. 아주 중요한 현관 등은 가격이 천차만별이라 고민을 많이 했습니다. 현관에는 골드로 포인트를 줄 것이라고 미리 생각을 했었기 때문에 골드 거울과 함께 어울리는 골드 등 혹은 빈티지 모양의 등을 찾았습니다. 예산은 4만 원 정도. 처음에 발견한 유리가 있는 빈티지 문양의 등은 너무 예뻤지만 가격이 생각보다 많이 초과하여 다른 대안을 찾아보던 중 너무 예쁜 골드 등을 찾아서 단숨에 그것으로 결정하였습니다. 또 달아보니 현관을 화려하게 만들어주어 참 만족스러웠습니다.

PART 3 집은 꾸미고 아껴주는 것이다

어때요. 공간과 잘 어울리죠? 실제로 공사한 사진들을 보여드릴게요

조명은 인테리어의 꽃이라고도 합니다. 인테리어의 마무리에 해당하는 조명은 앞서 언급한 대로 지금까지 했던 공사들을 둘러보며 색, 디자인을 다양하게 고르지 않고 색을 통일한다거나 디자인(예를 들면 빈티지 디자인, 인더스트리얼 디자인 등)을 크게 통일하여 그 틀 안에서 조명을 고르면 조명이 튀지 않고 공간과 잘 어울립니다. 식탁 조명이나 현관 조명과 같이 좁은 공간을 밝혀주는 조명에 포인트 조명을 달아주어도 좋습니다.

인테리어 마무리 단계로 조명을 달고 나면 우리는 이제 공사를 끝내고 온전한 나의 새로운 공간을 가지게 된답니다.

after

"짝짝짝!!! 수고했어."
인테리어 공사를 같이 고민하고 견디어 낸
공사 관계자분들과 가족, 그리고 나에게 칭찬을 해줍니다.
주택 인테리어를 마무리했습니다.

[참고 페이지]

이소발의 셀프 인테리어 순서 꿀팁

○
셀프 인테리어를 하기 전에 내 취향 알아보기

우리 모두 각자의 취향은 다르지요. 자신이 프렌치 스타일을 좋아하는지, 빈티지 스타일을 좋아하는지, 아니면 정말 깔끔한 스타일을 좋아하는지 파악을 먼저 해야 합니다. 그리고 그 스타일대로 집을 시공할 것인지, 아니면 예전부터 원하는 스타일이 있었는지 고민을 해보고 전체적인 리모델링의 계획 및 구체적인 스케치를 머릿속에 구상해야 합니다. 구체적으로 원하는 인테리어 사진을 모아두는 것도 좋은 방법입니다.

○
대략의 비용을 예상하며 공사할 목록 정하기

셀프 인테리어 카페나 관련된 서적에 대략의 공사 비용이 명시되어 있습니다. 그것을 보고 대략의 비용을 예상하며 공사할 목록을 정합니다. 각각의 공사 비용을 모두 더하면 총공사비가 나옵니다. 대부분 셀프 인테리어라 하면 현실적인 공사비보다 저렴하게 예상하는 경우가 많습니다. 그러므로 자신이 예상한 공사비보다 실제로 조금 더 나올 것이라고 생각하며 공사할 목록을 확정 짓습니다.

○
견적서를 토대로 정확한 견적 정하기

리모델링을 생각했다면 평소에 많은 업체들의 포트폴리오를 찾아보는 노력을 해야 합니다. 자신의 마음에 드는 업체에 연락해서 하고자 하는 공사를 나열하고 견적을 요청합니다. 업체에서 문자로 답을 주거나 전화 통화, 메일 등으로 다양하게 답변을 받을 수 있습니다.
셀프 인테리어에서 중요한 건 가격이죠. 마음에 드는 하나의 업체에서만 견적을 받지 말고 여러 업체에서 견적을 받는 것이 좋습니다. 그리고 토털 인테리어 업체보다는 부엌이면 부엌, 중문이면 중문, 이렇게 하나의 시공이 특화된 곳에서 견적을 받으면 좀 더 저렴하게 견적이 나올 수 있습니다. 견적이 마음에 들었다면 어떻게 시공하는지 미리 문의를 해 놓으세요. 몇몇 업체에서 비슷한 견적이 나올 경우 시공 방법에 따라 결정할 수 있는 경우가 있습니다.

업체의 견적들을 다 더했는데 처음에 예상했던 자신의 예산이 너무 빠듯하다면, 생략할 수 있는 공사를 정합니다. 예를 들면 베란다의 바닥 타일이 카펫을 깔면 눈감아 줄 수 있는 정도라면 과감히 시공을 포기하고 전체적인 시공비를 줄일 수 있습니다. 또한 내가 정말 하고 싶던 비싼 공사가 있다면 중요하지 않다고 생각되는 공사를 생략하고 아낀 돈으로 그곳에 투자하여 효율적으로 예산을 운용합니다.

인테리어 스케줄 짜기

처음에 항상 무엇을 남기고 무엇을 철거하여 새로운 공사로 만들 것인지 고민을 해야 합니다. 그 고민이 끝나면 철거부터 리모델링이 시작됩니다.

다음은 리모델링의 기본적인 순서입니다. 이 순서는 개인과 업체 사정상 조금씩 바뀔 수 있습니다.

❶ 철거 ⇨ ❷ 새시 ⇨ ❸ 목수 공사 ⇨ ❹ 화장실이나 그 외 벽타일 시공 ⇨ ❺ 페인트, 필름지 ⇨ ❻ 부엌 상하부장, 신발장, 붙박이장 ⇨ ❼ 도배 ⇨ ❽ 바닥재 ⇨ ❾ 조명, 콘센트 ⇨ ❿ 그 외 액세서리(빨랫줄 등), 선반 설치 등 ⇨ ⓫ 입주 청소

❶❷ 철거는 전문 업체가 많습니다. 무엇을 철거할 것인지 정한 후에, 계획에 따라 철거 업체에서 견적을 받고 결정하면 됩니다. 철거와 새시, 목수 공사 등 뼈대를 만드는 시공을 먼저 한 후 집 안을 꾸며 가면 됩니다.

❸ 목수 공사는 가벽 세우기, 조명 박스 만들기, 몰딩과 걸레받이 새로 만들기 등 집의 뼈대를 바꾸고 만드는 공사입니다. 철저하게 계획을 세운 후 공사에 들어가야 합니다. 집의 구조 변경이 없는 경우 목수 공사를 생략하는 경우도 있습니다. 제가 처음 셀프 인테리어를 경험한 34평의 아파트도 구조 변경이 없었기에 목수 공사 없이 리모델링을 하였습니다.

❹ 화장실 공사는 화장실이라는 공간만 공사하는 것이기에 다른 공사와 겹쳐서

해도 괜찮습니다. 부엌의 벽과 현관 베란다 바닥 등 타일이 시공되는 곳을 미리 체크한 후 화장실 공사시 타일을 깔 때 함께 시공하면 인건비가 절약됩니다.

❺ 집에 새로운 색을 입힐 때 페인트(도장)를 할 것인지 시트지를 할 것인지 고민한 후 결정합니다. 저는 개인적으로 페인트가 주는 느낌이 좋아서 페인트를 선호하지만, 요즘 시트지 퀄리티가 정말 좋기 때문에 많은 분들이 시트지 시공을 선호합니다.

❻ 부엌도 상부장과 하부장으로 이루어진 무엇인가를 수납하는 '장'의 개념이기에 부엌을 시공하는 업체에서 부엌을 시공할 때 신발장과 붙박이장을 함께 시공합니다. 견적을 요청할 때 부엌뿐만 아니라 다른 '장'의 계획도 세워서 함께 견적을 받으면 됩니다. 부엌은 상황에 따라 도배나 바닥 시공후 해도 됩니다.

❼ 벽을 마감하는 공사입니다. 도배가 싫다면 서양의 집처럼 도장(페인트)으로 마감하는 방법도 있습니다.

❽ 바닥을 마감하는 바닥재는 여러가지 재료가 있습니다. 자신의 집의 색과 느낌에 맞게 공사하면 됩니다.

❾ 리모델링을 업체에서 총괄하는 경우, 조명 시공 전에 알아서 인테리어 업체가 조명들을 주문하지만, 셀프 인테리어는 말 그대로 셀프로 모든 것을 컨트롤하는 것입니다. 조명 공사 전에 집에 시공할 조명이 모두 도착해야 합니다. 그러므로 앞선 다른 공사들을 진행하면서 어울리는 조명을 생각한 후 부지런히 주문해야 합니다. 콘센트 커버, 스위치 커버 등도 조명 시공을 할 때 함께하는 공사입니다. 이 커버들도 개수를 정확히 파악 후 미리 주문해야 합니다.

❿ 그 외 앞선 공사에서 나온 하자 보수와 생활 속에 필요한 액세서리 등을 다는 시간입니다. 우리나라 벽은 대부분 콘크리트 벽으로 구멍을 내기가 어렵습니다. 미리 시공하는 사장님을 모시고 구멍을 낼 곳을 정하여 구멍을 내면 좋습니다.

⓫ 모든 공사가 끝난 후 입주 전에 집에 있는 공사의 흔적을 지워내는 시간입니다. 입주청소업체는 직접 알아봐도 좋지만, 대부분의 인테리어 업체와 계약되어 있거나 교류하는 업체가 있습니다. 벽지를 시공했던 사장님이나 바닥을 시공했던 사장님의 소개로 청소업체를 소개받는 것도 좋습니다.

업체를 정하고 계약금 입금

각각의 시공시에 이용할 업체를 정했다면 그곳에서 원하는 계약금을 내고 공사 날짜를 선택합니다. 업체마다 다르지만, 미리 계약금을 요구하는 업체가 있고, 일절 계약금을 받지 않고 약속을 잡는 경우도 있습니다. 업체 사장님의 스타일을 따르면 됩니다. 간혹 업체 중에 한 번에 공사비의 반 이상을 계약금으로 요구하는 경우는 의심을 해보고 공사를 진행해야 합니다.

시공 순서대로 시공하고, 하자 확인 후 입금

날짜가 잡힌 대로 공사 업체에서 나온 분들을 만나 공사를 안내하고 시공하면 됩니다 제가 이 책에서 말하는 셀프 인테리어는 감리를 내가 스스로 하여서 감리비를 아끼는 데 주된 목적이 있습니다 (중간중간 페인트나 내가 셀프로 할 수 있는 공사가 있다면 시공비를 아끼기 위해 스스로 하면 됩니다. 그것 또한 진정한 셀프 인테리어라고 할 수 있습니다.). 그렇기 때문에 각각의 공사시 항상 리모델링 현장에 나와서 공사가 잘 이루어지는 지켜보고, 마무리할 때 지시한 대로 시공이 되었는지 꼼꼼한 셀프 체크가 필요합니다. 셀프 인테리어의 책임자는 바로 '나'이기 때문입니다.

시공이 끝난 후 항상 하자 확인을 그때그때 해야 하며, 하자가 없고 원하는 시공이 나온 것을 확인 후 빠르게 입금을 하고 공사를 마무리합니다. (공사하시는 분들은 일을 하고 돈을 받는 후불제이기 때문에 공사가 끝나면 입금을 기다립니다. 공사 후 꼼꼼히 확인 후 빠르게 입금을 하는 것이 우리 집을 예쁘게 시공해준 업체에 대한 기본 예의라고 생각해서 '빠르세'라는 말을 썼습니다.)

**주택에서의
삶,
그런 집**

PART 4

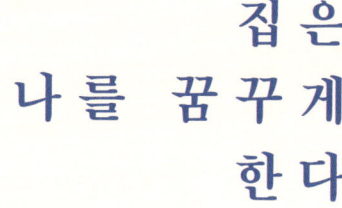

집은
나를 꿈꾸게
한다

#1

내가 '다가구' 주택을 선택한 이유

중학교 2학년 때부터 살던 34평 아파트는 방 3개, 화장실 2개, 넓은 거실, 남·북 방향으로 효율적인 베란다가 있는 일명 국민 아파트 구조였어요. 1990년대 지어진 효율적인 30평대의 아파트.

내가 살았던 국민 아파트 평면도

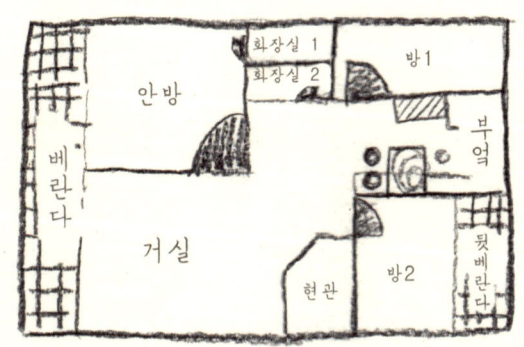

PART 4 집은 나를 꿈꾸게 한다

결혼을 하고, 집주인의 방치로 거실에 등이 들어오지 않던 집에서 전세로 살다가, 이제는 예쁜 집에 살고 싶다는 생각이 들어서 저평가된 지역의 아파트를 무작정 매매해버렸어요. 매매하면 리모델링해서 예쁘게 살 수 있을 거로 생각했죠.
그렇게 얻은 우리의 소중한 처음 집은 내가 예전에 살던 국민 아파트 구조와 같은 집이었어요.

'20년이 지나도 같은 구조, 같은 효율성······.'

아파트에서 주택으로 옮겨 가기로 결정을 한 계기는 여러 가지이지만 그 중에서도 아파트의 삶이 조금은 획일화되고 똑같은 공간들의 향연이랄까요? 주머니 사정에 맞추어 셀프로 예쁘게 리모델링해서 들어왔지만, 나는 이 개성 없는 아파트 구조에 지쳐버렸어요.

또한 나와 남편은 왠지 의심이 가지만 의심할 수 없는 비싼 아파트 관리비와 층간소음으로 인한 아랫집 할머니의 계속된 항의(낮에 청소기만 돌려도 벨이 울렸다. 낮인데!!!), 개성 있는 작업실과 프라이빗한 정원이 있는 나만의 집을 자유롭게 만들고 싶은 열망 등이 뒤섞여서 주택으로의 이사를 하게 되었어요.

막상 '주택' 하면 우리는 막연히 단독주택을 떠올리지만, 여러 부동산을 돌아다니며 알게 된 것은 땅에 집(건물)이 지어진 단독주택에는 두 가지 경우가 있다는 것입니다.

하나는 말 그대로 단독주택, 즉 자신의 땅, 자신의 건물 안에 하나의 가구가 거주하는 형태입니다. 다른 하나는 다가구인데, 이것은 자신의 땅, 자신의 건물 안에 여러 호수(세입자)의 가구가 거주하는 형태이지요. 이때 대부분의 다가구에는 주인이 있고 세입자가 있어요. 주인이 함께 살지 않는 임대를 위한 다가구도 있지만 주인이 함께 살고 있는 다가구가 대부분 관리가 잘 되는 편이죠.

여기서 잠깐 | 다가구와 다세대의 차이점
다가구는 앞서 설명한 대로 땅과 건물의 주인이 한 사람이고, 주인 세대를 제외한 세대는 전세와 월세 형태의 세입자입니다. 다세대는 땅과 건물의 주인이 여러 세대로 나누어진 공동 주택을 말합니다. 예를 들면 빌라, 아파트와 같이 한 건물 안에 공용 공간과 개인 공간을 공유하는 여러 세대로 이루어진 건물을 뜻합니다.

처음에 단독주택을 사서 1층에는 예쁜 카페를 임대하고 나머지를 '예쁘고 개성 있게 꾸미고 살아야지' 했던 생각들은 너무나 단순하고 무식했던 생각임을 깨달았어요.
우리는 결정해야 했습니다. '단독주택'을 알아볼 것인가, '다가구'를 알아볼 것인가.

단독 주택

다가구

우리 가족만 프라이빗하게 건물과 땅을 차지하는 단독주택이 좋아 보였지만, 우리는 '다가구'를 선택했어요. 다가구는 세입자들의 보증금이나 월세가 매매가에 포함되기에 집을 매매할 때 그만한 돈이 없어도 빚을 지지 않고 매매를 할 수 있는 장점이 있습니다. 또한 월세나 전세를 시세만큼 받겠다는 욕심을 버리고 괜찮은 사람들, 마음 맞는 사람들을 세입자로 맞이해 함께 공동체로 살아간다면 사람들이 누누이 이야기하는 어려운 세입자 관리가 남의 이야기일 수 있다고 생각했기 때문이지요.
이렇게 니와 님편은 땅과 건물의 주인이 되는 주택을, 그리고 다가구 중에서도 주인 세대가 살 수 있는 다가구를 찾기 시작했어요. 사실 다가구는 아파트처럼 세대가 많은 것이 아니라, 각각 모양도 위치도 다르고 세상에 하나씩만 있는 집의 형태이기에 잘 알아보고 꼼꼼히 따질 것이 많았어요. 그렇게 바쁜 일상 중에서 취미처럼 우리가 원하는 지역의 다가구 매물을 체크하고 괜찮은 매물들은 눈으로 직접 찾아가 보면서 안목을 키웠지요.

집이 마음에 들면 위치가 별로고, 위치가 마음에 들면 햇빛이 들지 않는 집이고, 햇빛이 들고 위치가 마음에 들면 가격이 범접할 수 없었어요. 집이 마음에 들고, 햇빛이 들고, 위치가 마음에 들고, 가격이 가능하면 그 집에 세입자 분들과 분쟁이 있거나, 다른 문제가 있는 그런 집들을 보고 또 본 후에야 우리는 현재의 우리 집을 만날 수 있었습니다.

두꺼운 벽 두께

지하철 도보 5분이내의 거리

우리는 집을 어느 정도 리모델링할 생각이 있었기에 집의 현재 상태를 많이 따지지는 않았지만 그래도 신축이 아닌 리모델링을 염두에 두었기에 기본적인 뼈대나 벽의 두께 등을 보면서 고민했었어요. 그런데 이 집은 집 짓는 아버지가 딸에게 주기 위해 지은 것이었고, 아버지의 마음이 담긴 것처럼 집의 벽체도 두꺼웠고, 정성을 다해 지은 흔적이 보였지요. 위치 또한 지하철과 도보로 5분 거리여서 고민할 필요가 없었습니다.

그리고 다가구를 여러 채 보면서 많은 부동산 사장님께서 우리에게 하신 말씀이 도시의 다가구, 단독을 볼 때 네모반듯하고, 차가 두 대 지날 수 있는 6m의 북쪽 도로를 낀 땅을 찾으면 무조건 사라는 것이었습니다.

여기서 잠깐 | 좋은 땅이란?

다가구는 건물보다 땅값을 가격으로 칩니다. 그래서 땅의 형태나 위치가 매우 중요합니다. 건물을 나중에 재건축할 때 땅의 모양이 반듯하면 설계를 하기가 좋습니다. 또한 집 앞이나 뒤쪽으로 넓게 북쪽 도로(북도로)를 옆에 둔 땅은 1층이나 지층에 상가를 넣게 되면 좋습니다. 상가의 경우 북향을 제일로 쳐주기 때문입니다. 재건축시 북쪽 도로는 뒤쪽 건물이 없기에 일조권 침해로 인한 건물 설계에 지장이 없이 반듯하게 층을 더 올릴 수 있다는 장점도 있습니다.

남편은 조금 더 고민해 보자고 했지만, 이미 100채 정도의 다가구를 보았던 나는 '이 집이다!' 라는 생각이 들었어요. 집을 보면서 어떻게 집을 고칠 것인지 상상이 되며, 어떻게 우리가 원하는 공간을 창조할 것인지도 감이 왔어요. 그렇게 나의 설득에 우리는 지금 집을 계약했습니다.

이 집의 전 주인분도 우리가 가진 마음처럼 세입자분들이 마음이 맞으면 전세에서 가격을 더 올리지 않고 함께 지내왔으며, 아버지가 지어준 집에 사셨던 사모님은 집을 정말 아끼고 사랑해 주셨습니다. 그 마음을 이어받아 우리는 이 집을 아끼고 사랑하며 더 많이 가꾸어 주어야겠다는 생각을 했어요. 그리고 현재 그런 마음으로 예쁘게 이 집에서 살고 있습니다.

꿈만 꾸던 단독에서의 삶에서 다가구의 개념을 알게 되고 이 집을 만나기 이전까지 길었지만 너무나도 값지고 배울 것이 많았던 그런 시간들이었어요. 혹시 우리와 같이 공동주택에서 나만의 집에 대한 열망이 있는 사람이 이 책을 본다면 나는 말하고 싶습니다.

"찾고 또 찾아라! 그리고 그 집에서 행복을 맞이해라!"

#2
네가 할 수 있겠니?

평소 실천력이 강한 존경하는 나의 엄마는 종종 말하곤 했습니다.

"소현아, 뭐든 나중에 해야지는 없는 것 같아. 인생이 어떻게 될지도 모르고, 늙으면 생각한 것을 실행하기에 한 살이라도 어릴 때보다 어려워."

엄마에게 아파트를 떠나 주택으로 이사를 하겠다고 했을 때 평생 아파트에서만 살던 네가 어떻게 주택을 관리하며 살겠냐며, 방도 치우지 않던 네가 어떻게 그 큰 주택을 청소하며 살겠냐며 나를 말렸지요.
하지만 여름에 알아보던 주택을 가을에도 보러 다니고, 마음에 드는 물건이 있을 때까지 알아보러 다니는 나와 남편을 보면서 그래 한 살이라도 젊을 때 해보라며 젊을 때 생각했던 것을 현실로 이루려 노력하는 것은 좋은 것이라며 나를 응원해 주셨습니다.

하지만 아파트에서 주택으로 이사를 준비했을 때 주변 사람들도 나를 말렸어요. 주택은 일이 많다며, 주택을 네가 어떻게 관리를 할 것이냐며, 친구의 부모님도 이번에 주택으로 이사했는데 일이 너무 많다면서 나를 말렸어요.

나를 말리는 이들의 이야기를 듣고 아파트 관리실의 중요성을 깨달았고, 막상 주택으로 이사하려니 '내가 주택을 어떻게 관리할 수 있을까?'라는 막연한 두려움 때문에 좋은 위치의 매물이 나왔음에도 주저했었지요. 한 번도 해보지 않은 길을 마음속의 열정만 가지고 이제 와서 가려니 마음의 준비를 여러 번 해봐도 두려운 건 두려운 것이었어요. 그 두려운 마음 뒤에는 '사람이 노력해서 우주도 비행하는 판국에 하고자 하면 못할 게 어디 있어!'라는 마음이 있었어요. 한 살이라도 젊을 때 내가 원하는 거주의 형태로 나만의 집을 가지고 싶은 열망이 너무나 강했기에 나는 주택으로 이사했습니다.

주택으로 이사 온 후 생각했어요. 우리는 관리인이 있는 아파트에서 살 때 그들의 노고를 몰랐다는 것을요. 막상 그곳을 떠나면 알게 되지요. 내가 얼마나 행복한지를요.

결론부터 말하자면 그들의 말이 맞습니다. 주택 관리는 집의 기초적 지식이 없는 내가 감당하기에는 어렵고 손 가는 일이 많고, 귀찮은 일도 많습니다.

하지만 잃는 것이 있으면 얻는 것도 있는 법. 바꿔 생각하면 나의 손이 가는 그만큼 관리비를 아끼고, 집이 어떻게 돌아가는지 직접 알게 되니 나의 집을 나의 몸처럼 아끼고 사랑하게 되었어요. 또한 내가 꾸미고 공을 들이는 만큼 집이 변해가는 것을 보는 재미도 상당했어요.

그렇게 나는 매일 스스로를 믿지 못하게 만들었던 한 마디, '네가 할 수 있겠니?'라는 말을 비웃듯 '할 수 있다.'라는 생각으로 마음을 다잡으며 집을 관리하고 삽니다. 결론은 이겁니다.

"나도 할 수 있다. 가끔 귀찮기는 하지만……. 하하하!"

#3

우리, 돈 없어요.
조금 더 원했을 뿐이죠!

우리의 이사를 본 많은 사람들이 이야기합니다. 공동주택 하나도 아니고 건물을 사다니 대단하다고, 돈이 많았냐고 묻습니다. 우리의 대답은 "놉!!"이에요. 절대 아니라고 단호하게 이야기합니다. 다가구는 집 가격의 100%를 지불하고 사는 아파트나 단독주택과는 시스템이 다릅니다. 다가구 매매가의 구조는 50~70% 정도의 주인 부담과 나머지 50~30% 세입자의 보증금으로 이루어지기 때문에 집주인이 매매가를 100% 부담하지 않아도 됩니다. 이것에 대해 알려면 다가구의 구조적 특이성에 대해 알고 넘어가야 합니다.

다가구는 앞의 글 '내가 다가구 주택을 선택한 이유'에서 언급한 대로 건물이 지어진 땅과 건물은 주인의 것이지만 단독으로 건물을 쓰는 것이 아닌 다른 층에는 세입자를 들여 같이 사는 개념입니다. 세입자는 월세나 전세의 조건으로 들어옵니다. 다가구에서는 평생 주택에서 나오는 월세로 생활하시거나 또는 은퇴할 즈음 노후 자금으로 다가구를 구매하여 월세 세입자를 받아 생활하는 노부부들이 많습니다.

그들과 다르게 우리처럼 현재 일을 하고 있으면서 다가구 자체를 소유하는 것이 목적인 사람들은 전세 세입자가 더 좋습니다. 특히 우리처럼 목돈이 부족한 사람들은 전세 세입자의 보증금을 포함해서 집을 구매함으로써 매매가에 대한 부담감을 줄일 수 있습니다.

즉, '다가구 매매가=세입자의 전세 보증금+주인의 자금'이라는 공식이 형성되는 것입니다. 추후에 주인인 우리가 세입자들의 전세 보증금만큼 돈을 모으면 보증금을 줄이고 그만큼 월세로 전환할 수 있는 것이지요.

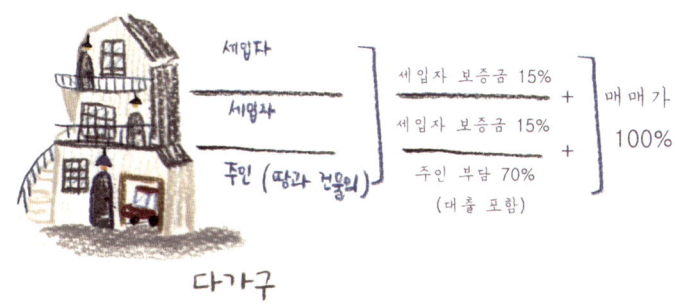

예를 들자면, 서울의 다가구서 여러 채를 세놓았다면 전세 보증금은 3억 정도가 충분히 넘습니다. 3억 정도를 우리 부부가 맞벌이로 다 모으면 우리는 노후 준비를 하게 될 때가 되겠지요. 그때 우리는 이 다가구에서 보증금을 적게 받는 월세로 돌려 이 건물에서 나오는 월세로 노후를 준비하고 있지 않을까요?

이처럼 매매가의 100%를 다 지불한 후 그곳에 살 동안에는 집에서 어떠한 수익이 나오지 않는 아파트(공동주택)와 달리 다가구는 내가 그곳에서 살고, 나의 금전적인 상황에 따라 월세의 형태로 수익도 나고, 화폐 가치가 올라감에 따라 내가 가진 다가구 땅 값의 상승도 기대해 볼 수 있습니다.

물론 공동주택도 대지 지분이라고 해서 땅값을 있습니다. 하지만 그 땅은 함께 모아서 이 공동주택을 지은 것이기에 우리가 가진 대지 지분 안에서 독자적으로 건물을 짓거나 활용할 수 없어요. 공동체의 승인이 있어야 무엇을 할 수 있는 데 반해, 다가구는 언제든 주인이 원하는 대로 우리의 땅 안에서 건물을 부수고 새로 지을 수 있는 것이지요.
이런 다가구의 장점을 알고 나면 집을 관리하는 번거로움이 크게 느껴지지 않아요. 이 모든 것이 다 좁은 나라에서 나의 땅과 건물을 가지기 위한 노력임을 깨닫게 되지요.
물론 주차 문제, 이웃 간의 문제, 건물 관리의 문제 등등 다가구에서의 삶이 중재자가 있고 관리해주는 자가 있는 아파트에서의 삶보다 조금 더 어려울 수 있어요. 하지만 그런 어려움을 이겨내면 나에게는 한 달 단위로 수익이 생기고, 갈수록 땅이 가진 가치는 오르겠지요.
결론적으로 우리는 돈이 많아서 다가구를 매매한 것이 아니에요. 나는 노동을 할 시간에 그림을 더 그리고 싶었어요. 아쉽게도 그림은 돈과 거리가 가깝지 않은 일이었지요. 나는 그림을 그리는 나를 대신해서 집이 돈을 벌어다 주기를 바랐어요. 그리고 냉정하게 노후를 생각했을 때 현재 우리가 벌고 있는 수익으로는 부족할 것이라는 생각을 했어요.

그즈음에 나는 다가구라는 집이 특성상 전세 세입자의 돈과 함께 매입하기 때문에 대출을 최소화해서 매매를 할 수 있고, 월세 세입자의 돈으로 우리가 가진 나머지 빚의 이자를 감당할 수 있다는 점도 알게 되었지요. 투기의 목적이 아닌 아름답게 내 개성을 펼치면서 살려고 구매한 집이 나에게 돈을 벌어다 주다니 꿈같은 이야기였어요. 그래서 우리는 이 꿈같은 이야기를 실행에 옮겼습니다.

지금 생각해도 우리는 이 집을 샀을 때 돈이 많지 않았어요. 기존 세입자들의 보증금과 우리가 처음에 살던 아파트를 판 금액과 부담되지 않을 만큼의 은행 빚을 얻어 아주 계산적으로 이 집을 샀어요. 우리는 단지 다가구의 구조적 특성을 알고 더 간절하게 원했을 뿐이었습니다.

〔 참고 페이지 〕
집은 나에게 돈을 벌어다 준다
집을 효율적으로 이용하는 방법

집은 우리에게 존재만으로도 든든합니다. 이런 집이 돈까지 벌어준다면 얼마나 좋을까요? 우리가 흔히 아는 전세, 월세 말고도 집을 똑똑하게 활용하면 집이 나에게 돈을 벌어다 준답니다. 집을 똑똑하게 활용하는 팁을 알려드릴게요.

일상의 집을 촬영 장소로 대여하세요

요즘 드라마, 영화뿐만 아니라 온라인에서 영상 콘텐츠의 증가로 촬영 공간에 대한 수요가 많이 늘어나고 있죠. 최근 촬영 장소를 찾는 제작진들은 인위적으로 잘 꾸며 놓은 공간보다는 제작 콘셉트에 맞는 자연스러운 공간을 더 선호하고 있는 추세예요. 인위적으로 꾸민 집 말고 우리가 일상에서 사는 집을 촬영 장소로 대여하는 것이 가능합니다. 집주인과 촬영팀을 이어주는 플랫폼으로 '아워플레이스'가 있습니다. 집이 돈을 벌어주는 마법을 경험하게 될 거예요.

* 아워 플레이스:www.hourplace.co.kr

남는 방이 있다면
방을 빌려주세요

집에 남는 방이 있다면 게스트와 호스트를 연결해주는 플랫폼의 도움을 받아서 방을 빌려주세요.
대표적인 플랫폼으로는 'Air bnb'라는 앱이 있죠. bnb는 'bed and breakfast'의 약자로 자신의 집에 남는 방을 이용하여 '아침을 제공하고 방을 빌려준다'라는 뜻에서 비롯되었어요. 아침은 제공하지 않아도 되니 잘 청소하고 꾸며서 손님들에게 방을 빌려준다면 매일매일 집이 돈을 벌어다 줄 거예요.

지층이나 1층이 고민이라면
상가로 용도 변경을 해보세요

제가 다가구 매매를 생각했을 때 생각한 것이 있어요. 볕이 안 드는 지층은 효율적인 상가로 변신시켜서 예쁜 카페나 베이커리, 효율적인 사무실 등으로 만들자는 계획이었어요. 실제로 홍대 주변의 다가구들은 지층을 예쁜 상가로 변신시켜서 집으로 사용할 때보다 효율적이고 아름답게 쓰고 있답니다. 아무도 거들떠보지 않았던 지층의 대변신이었죠.
주택이나 다가구 거주시 볕이 안 드는 지층이나 1층이 고민이라면 상가로 용도 변경을 하여 변화를 줘 보세요. 십 ☆산이 효율적으로 쓰이면서 나에게 돈을 벌어다 줄 거예요. (여기서 지층은 반지하나 지하층을 의미합니다.)

멋진 카페
(근린생활시설)로
변신한 지층

#4

부지런해지는 주택에서의 삶

주택에서 살겠다고 말하면 주변에서는 이렇게 말합니다.

"부지런해져야 할 텐데, 할 수 있겠어?"
"생각보다 주택은 일이 많아 쉽지 않을 텐데……."

주변의 걱정과 우리의 도전 정신 속에서 두려워하던 주택에서의 삶이 시작되었어요. 노후화된 주택으로 이사 전에 리모델링으로 조금은 만지고 고쳐주었지만, 그래도 이사 후에 소소히 할 일들이 많았습니다.
그런 일들에 대해 이야기해 보려 합니다.

집의 숨구멍 교체

우리 집은 건물을 지은 분이 처음에 설계하시기를 방에 각각 큰 숨구멍을 만들어 놓았다고 합니다. 그 덕에 30년 된 주택임에도 불구하고 결로나 곰팡이를 발견하기 어려웠어요. 이 숨구멍들은 외부 벽에 플라스틱으로 마감이 되어 있었는데 집에 이사 온 후 우연히 만져본 이 숨구멍이 오래된 시간에 삭아서 과자처럼 으스러졌어요. 외부 페인팅을 할 때는 튼튼해 보였던 숨구멍은 사실 시간에 낡아 있었던 거예요.
모든 주택 리모델링이 끝나고 가뿐하게 이사를 왔다고 생각했는데 또다시 공사할 일이 생기다니 이것을 안 순간 정신이 붕괴되었어요.

before

after

하지만 다시 힘을 내어 숨구멍 하나를 빼내 지름을 재고, 그것을 을지로 철물점에 가져가서 지름과 용도가 맞는 숨구멍을 찾아다녔어요. 다행히 여러 개의 철물을 산 단골 철물점에서 지름과 용도가 딱 맞는 숨구멍을 찾을 수 있었습니다.
대략 20개의 숨구멍을 구매한 후 이 숨구멍을 교체해줄 작업자를 찾았어요. 새시를 한 업체에서 작업자분을 보내줄 수 있다고 해서 그분들과 빠르게 숨구멍을 교체해 달았어요. 이렇게 일이 해결되었습니다.

귀찮은 건물 청소는 그때그때

아파트에 살면서 마주치는 청소하시는 아주머니, 그리고 경비원 아저씨. 그분들 덕에 항상 아파트가 깨끗하게 유지된다는 것을 알고 있었습니다. 주택에 가면 건물을 관리하는 사람 없이 온전히 우리가 해야 한다는 생각에 어깨가 무거웠지요.
집 안 청소도 힘든데 외관 청소라니 이사 후 왠지 힘든 삶이 예상되었는데, 결론부터 이야기하자면 생각보다 힘들지 않았어요. 이유는 집 안 외관 청소라고 해봤자 큰 길가와 복도, 그리고 옥상 쓸기인데 이것을 따로 시간을 내서 하기보다는 일이 끝나고 집에 올라가기 전 자투리 시간을 활용하여 한 번씩 쓸면 쉽고 깔끔하게 유지됩니다.
폭염이 쏟아지던 어느 날, 일이 끝나고 집에 돌아오던 길에 대문 앞에서 나는 멈추었습니다. 쓰레기가 곳곳에 보이는 집 앞마당과 차도를 보고 계단에 가방을 던져 놓았어요. 슬슬 빗자루와 쓰레받기를 들고 마당과 차도를 쓸 준비를 했지요.

「맨 인 블랙」에 나오는 선글라스를 쓰고 마당을 쓰는 내가
신기했는지 옆집 아저씨, 길 가던 초등학생이 나를 쳐다보았어요.
나는 그 초등학교 아이에게 마당을 쓸면서 웃음을 짓고 눈인사를 했는데
그 초등학생은 내가 이상해 보였는지 빠른 걸음으로 우리 집 앞을 벗어났지요.

이러한 부지런함 덕분에 이사 온 지 일 년 동안 우리 집은 주변 부동산과
이웃들에게 깔끔하고 예쁜, 관리가 잘되는 집으로 통합니다.
따로 시간을 내기보다는 자투리 시간을 내어 청소를 하면 두려움을
가지던 집 주변 청소도 쉬워집니다.
나는 조금의 부지런함을 더해서 주택에서의 삶에 적응해가고 있습니다.

#5

집 관리, 깨끗하고 투명하게

아파트에 사는 사람이라면 누구나 한번쯤은 가졌을 의문이 있습니다.

"내가 내는 관리비 잘 쓰이고 있을까?"

내가 이런 의문을 가지게 된 건 바야흐로 7년 전, 무거운 작업실 짐을 엘리베이터로 한 번 옮긴 적이 있었어요. 관리실에서 그것을 어떻게 알고 왔는지 엘리베이터 사용료 10만 원을 내라는 것이에요. 나 진짜! 작업실 짐이라 해봐야 책상 하나, 그림들 몇 개 옮겼을 뿐인데. 내가 사용료의 명목을 물어보자 추후 수리 보수비 등으로 쓰일 것이라 하면서 무작정 요구하는데 정말 난감했던 기억이 있습니다. 게다가 카드도 안 되고 무조건 현금이라니요. 이게 맞나 싶었어요. 아니 근데 나중에 관리비 고지서를 확인해 보니 관리비 항목에는 이미 엘리베이터 수리 보수비 명목으로 돈이 나가는 목록이 있었습니다.
이쯤부터였어요. '아파트 관리비가 투명하게 쓰이고 있는 것이 맞는가'라는 생각이 머릿속을 떠나지 않았습니다.

그 후 4년 뒤 처음 구매한 아파트를 셀프 리모델링하기 위해 아파트 관리실에 찾아갔더니 다짜고짜 수리를 하면 무거운 짐을 많이 쓰게 되므로 엘리베이터 사용료를 내야 한다는 것입니다. 이때의 아파트는 7만 원. 아니 셀프로 인테리어 해서 새시같이 무거운 짐들도 없고 철거도 부엌 제외하고는 할 것이 없다 해도, 그래도 무조건 현금으로만 7만 원이랍니다. 참, 이상하다 생각했지만 로마에 왔으면 로마법을 따르듯 엘리베이터 사용료 명목으로 돈을 냈습니다.

2~3만 원도 아니고 소시민들에게 한 번의 엘리베이터 이용료가 7만 원, 많게는 15만 원까지라니…….

"너무 많지 않나?"

이쯤부터였어요. 아무에게도 간섭받지 않는 스스로가 관리하는 주택을 꿈꾸게 된 것이 말이죠.

"내가 매달 내는 돈이 검은돈이 되어 투명하게 쓰이는지도 모르는 채 살아가는 것이 맞는 것은 아니잖아? 그것을 바꿀 수 없다면 내가 떠나서 나만의 왕국을 만들면 되는 것이지 뭐. 사실 요즘은 주택도 청소해 주는 업체들이 많아서 월 5만 원이면 계단부터 복도까지 깔끔하게 청소해 준다고 하고, 집 보수도 주변의 전문가분들의 도움을 받으며 하나하나씩 배워 가면 되는 것이지 뭐."

이런 생각으로 나는 꿈을 현실로 만들었어요. 더 이상은 관리비를 내면서 의심만 하고 살아가기가 싫었습니다.

이후에 주택으로 이사 와서 관리받지 않음을 선택함으로써 하나부터 열까지 내가 다 해야 했지만 내가 알고 있는 선에서 돈들이 지출되고 합리적으로 쓰이는 것을 보면서 투명하고 깨끗한 병 안을 들여다보는 것 같은 기분이 들었습니다.
만약 나처럼 한번쯤 관리비에 대해 의문을 품은 분들이 있다면 그곳을 나와서 투명하고 깨끗하게 관리되는 자신만의 주택 살기에 도전하라고 이야기하고 싶습니다.

PART 4 집은 나를 꿈꾸게 한다

#6

주택이라 불안한 내 마음, CCTV로 해결하다

대한민국은 아파트가 가장 사랑받는 나라입니다. 생각해보면 아파트는 서울의 어마어마한 인구밀도를 감당해줄 효율적인 대안이었어요. 층간소음을 제외하고, 에너지 효율도 좋고 앞 동과의 사이가 넓기만 하면 바람도 잘 들고 살기 편합니다. 요즘은 보안도 잘 되어 있어서 아파트 단지 안은 안전하다고 느껴지지요. 인생의 3분의 2를 아파트에서 살아온 나로서는 아파트를 떠나기 전에는 잘 몰랐던 아파트의 장점이 주택에 오니 피부에 와닿았습니다.

자유롭게 내가 원하는 것을 추구할 수 있는 무한한 잠재력을 가진 주택, 다 좋습니다. 그런데 하나 '치안'이 조금 마음에 걸렸어요. 우리 집은 큰 길가 사거리에 있어서 사거리에 CCTV가 설치되어 있지만, 그래도 안전한 단지 안이 아닌 길가의 집이다 보니 담을 넘어 누구나 들어올 수 있다는 불안감이 갑자기 엄습해 왔습니다.

나는 평소에도 걱정이 많은 편인데 주택에 와서 조금 더 이런 불안감이 심해졌어요. 밤에 잠을 자려고 누웠다가도, 한 삼사일 집을 비울 때도, 걱정이 많이 되었습니다.

"이렇게 불안하게 살 수는 없어."

나는 이런 불안한 마음을 해결하기 위해 평소 문단속을 꼼꼼히 하도록 나의 습관을 들이고, 튼튼하면서 예쁜 디자인의 방범창으로 새로 교체했어요. 또한 집 안의 외벽에도 CCTV를 달아서 보안을 철저히 했지요. 나와 내 가족의 안전을 위해서 우리 건물 세입자들도 함께 안전하게 살아가기 위해서입니다.

다 지켜볼 꺼야...

이렇게 몇 가지의 조치를 취하고 나니 건물 안쪽에서는 아파트처럼 모르는 외부인들을 마주칠 일이 없어서 오히려 주택의 안쪽은 안전하게 느껴졌어요. 마음가짐에 따라 달라지는 게 상황이라지만, 마음이 한결 가벼워진 느낌입니다.

그렇게 나는 주택에서의 삶 속에서 불안감을 버리고 안정을 찾아갔어요. 그리고 지금은 많이 안정적입니다. 걱정은 많이 하지 않아요. 그래도 문단속 꼭꼭. CCTV는 언제나 확인.

PART 4 집은 나를 꿈꾸게 한다

#7

누수, 해결할 수 있는 거죠?

어느 날 블라인드를 치고 잠을 자려다가 천정의 안쪽이 젖어 있는 것을 발견했어요. 말로만 듣던 누수, 누수였습니다.

골치 아픈 누수의 시작...

"옥상 방수를 다 하고 왔는데, 외벽도 다 마감하고 칠하고 왔는데, 왜 이런 일이 있는 것이지?"

내 눈을 의심했어요. 공사를 진행했던 사장님을 부르고, 옥상과 외벽까지 누수를 잡기 위해 매일매일 보고 또 봤습니다. 나는 누수로 인한 스트레스에 잠을 이룰 수 없었어요. 누수라니…….
결국 옥상에 방수를 해주신 사장님과 내가 머리를 싸매고 고민한 결과 우리는 다행히 원인을 찾았습니다.
누수의 원인은 공사시 건드리지 않았던 옥상에 있던 안테나 봉으로 판명이 났어요.

봉 안에도 시멘트를 붓고 방수액을 부어서 방수를 했어야 했는데 그것을 하지 않아서 물들이 그 봉안으로 들어간 것이랍니다. 이럴 수가…….
옥상의 방수를 담당했던 사장님의 빠른 처리로 빠르게 해결해 갔습니다.
그렇게 해결한 후에는 누렇게 마른 천장의 벽지만이 예전의 누수의 흔적을 기억할 뿐이었어요. 현재는 그 위에 남은 도배지로 부분 도배를 다시 했어요. 그 흔적조차 기억하고 싶지 않았지요. 그렇게 누수를 해결했습니다.

간혹 단독이나 개인주택에서 일어나는 것 중 가장 머리 아픈 일이 누수일 수 있어요. 관리를 열심히 한다고 하지만 외벽에서 일어나는 주택의 누수는 웬만한 전문가도 잡기 힘들다고 해요. 만만치 않은 주택에서 일어나는 일들……. 그래도 포기하지 말아야죠. 사람이 하는 일인데, 우리는 어떤 것이든 해결할 수 있습니다. 아파트를 관리하는 관리 사무소 소장의 마음으로 우리는 자신의 주택을 관리하고 비바람으로부터 지켜내야 합니다.

누수, 우리는 해결할 수 있다!!
(고생 조금만 하고..)

#8

젊어서 고생은 사서 한다는데, 정말 사버렸네요

장마에는 비가 새는지 안 새는지 불안해하고,
주차 문제를 이웃과 웃는 얼굴로 해결했지만
가끔은 마음 아프고,
일주일마다 마당 쓸기는 가끔 귀찮고.
미세먼지 많은 날이 지나가면 마당에 쌓여있는 먼지들을 보면 한숨만 나고.

가끔 집을 가꾸며 살다 보면 문득 이런 생각이 들어요.

"젊어서 고생은 사서 한다는데,
정말 우리는 고생을 사서 한다.
개성 있는 집이고 뭐고, 월세 수익이고 뭐고,
내가 원하던 집이고 뭐고,
나도 그냥 남이 관리해주는
그런 집 가고 싶다."

고생을 산 날.
앞 날을 몰랐기에.. 나는 너무 기뻤다...

아파트면 집에 관한 어떤 문제든 관리 사무소 소장님과 상의할 수 있을 테고, 공동으로 일을 나누어서 하면 어깨에 진 짐이 조금은 가벼워질 텐데, 우리는 온전히 우리가 관리자의 입장으로 집을 관리하니 해야 할 일이 정말 많았어요. 그중에는 쉬운 일도 있지만 쉽게 해결되지 않는 일들도 많아서 우리를 지치게 했어요.
주말에 마당을 물청소하던 남편은 나에게 말했습니다.

"소현아, 우리 집을 관리하며 신경 쓰며 사는 만큼 이 집이 우리에게 주는 것도 많으니까 너무 벅차해 하지 말고 스트레스로 느끼지 말고 집을 관리하는 것을 즐겁게 운명으로 받아들이자. 이렇게 서울 한복판에 우리만의 마당을 가지고 있고 이 마당에서 시원하게 물청소를 자유롭게 할 수 있다니 나는 이것 또한 너무 감사해. 이 청소가 끝나면 난 나만의 옥상 정원에 가서 쉴 거야. 이게 아무나 가질 수 있는 것은 아니잖아."

뭔가 다 맞는 말 같은 그의 말. 그래, 피할 수 없다면 즐기자. 생각을 바꾸자. 나는 그때부터 나를 힘들게 하는 집에 대한 부정적인 생각을 덜어내고 귀찮아하지 않아보기로 했어요. 또다시 생각해보니 내가 다시 아파트로 돌아간다고 이곳 다가구 주택의 삶을 그리워하지 않을까? 아니, 원래 일을 벌이는 성격을 가진 나는 분명히 다가구 주택의 자유로움을 그리워할 것입니다.

그래, 젊어서 고생은 사서 한다는데, 이왕 산 고생 열심히 해보자.
생각을 고쳐먹고 나는 오늘도 내가 산 고생 열심히 하고 있습니다.
파이팅!

젊어서 고생을 산 날

#9

주택에서만 느낄 수 있는
낭만적인 운치

딱히 뭐라고 설명하기는 어렵지만, 주택은 주택만이 가질 수 있는 운치가 있어요.

첫째, 집에 도착했지만 집에 그냥 들어가기 싫을 때 주택 계단에 앉아 밤하늘 감상을 합니다.

공동 주택에 살 때는 복도에 있는 창문에서 밤하늘을 보다가 계단에서 매일 운동하는 15층 아줌마가 올까 조마조마했었고, 늦은 밤 술에 취해 귀가하는 이웃집 아저씨를 만날까 걱정했지만 주택에서는 그러지 않아도 되지요. 혼자만의 조용함이, 아늑함이 보장된 외부와 연결된 복도의 계단은 나만의 감성을 끌어내 줍니다.

둘째, 비가 내리는 날, 복도나 계단에서 식물들이 비를 맞을 수 있어요.

이곳 주택으로 이사 온 후에 나는 비 오는 소리가 들리면 설렙니다. 집에서 키우는 식물들에게 비를 맞게 해줄 수 있다는 생각이 들기 때문이지요. 평소 식물들에게 수돗물을 주면 왠지 식물들이 맛이 없어 하는 느낌을 받았어요. 그런데 빗물을 샤워하는 것처럼 맞고 나면 잎도 더 푸르러 보이고, 지고 있던 식물도 더 살아나는 것 같아요. 아파트에서 살 때는 유일한 큰 창인 베란다가 새시로 막혀 있어 식물들에게 직접적으로 물을 맞게 할 공간이 없었지만 이곳은 공간이 많아요. 비를 맞고 있는 식물들을 보면 나도 시원해지는 느낌. 청량한 소리와 함께 복도에서 식물들이 춤을 추는 것 같습니다.

셋째, 늘 대문을 열면 여유롭게 주차된 자전거들이 있는 작은 마당이 나오고 남편이 특별한 날에 선물로 심어준 식물들과 눈인사를 합니다.

아주 가끔은 경비 아저씨가 잘 관리해 주셨던 아파트의 화려한 공용 화단이 그립기도 하지만, 처음부터 끝까지 온전히 우리가 만든 마당의 작은 화단은 매일매일을 뿌듯하고 기쁘게 만들어 줍니다.

넷째, 집 안에서 문을 열면 바로 야외와 연결됩니다.

항상 문을 열면 실내의 복도가 나왔던 아파트의 구조가 아니라 현관문을 열면 바로 바깥과 이어지는 이 구조가 신기하게 느껴집니다. 눈이 올 때는 문 앞에 눈이 쌓이고, 비가 올 때는 현관문만 열어도 알 수 있습니다.

다섯째, 엘리베이터를 이용하지 않고 땅과 붙어사는 주택의 삶.

매일매일 엘리베이터를 이용하여 집에 도착했을 때보다 내 두 다리로 계단을 올라가 집에 도착했을 때 더 가뿐함을 느낍니다. 땅과 가까워진 기분을 매일 느끼면서 나는 주택에서 삽니다.

"오늘도 주택에서 낭만을 느끼며 삽니다."

#10

남자의 로망, 프라이빗 옥상

예전에 제목이 기억이 나지 않는 책에서 남자는 남자만의 쉴 수 있는 공간을 추구한다고 내용을 읽었어요. 그렇기 때문에 '가정에서 남자가 혼자 마음 편히 머무를 수 있는 공간을 주는 것이 부부싸움을 막는 좋은 방법이다' 라는 취지의 글이었어요.

아파트에서 그가 혼자 머무를 수 있는 공간은 베란다였어요. 그리고 주택에 와서 그는 혼자만의 공간을 옥상으로 정한 것 같습니다.
그는 이사 전부터 옥상에 대한 계획을 이야기했습니다. 집 리모델링에서는 관심을 많이 보이지 않던 그는 유독 리모델링이 끝나고 옥상을 꾸밀 생각에 신나 보였지요. 사실 나는 건물의 가장 높은 곳 옥상에 대해 왜 저렇게 집착하고 꾸미고 싶어 하는지 이해하지 못했어요. 나에게 옥상은 그냥 방수가 잘 돼야 하는 곳, 건물의 가장 윗부분 그 이상도 그 이하도 아니었기 때문이지요.

여하튼 무엇인가를 기대하고 신이 나는 마음은 좋은 것이니, 나는 남편이 옥상을 자유롭게 꾸미도록 했어요. 그렇게 남편의 옥상 정원 만들기는 시작되었지요.

그렇게 마음에 드는
화분을 사서 식물을 심고,

야외용 테이블을 직접 만들고,

야외용 의자를 고르고,

퇴근 후 을지로에서 인조 잔디를 사 오고,

파라솔까지 직접 고르면서
옥상을 꾸며 나갔어요.

남편은 옥상을 꾸미면서 자신의 이야기를 했는데, 자신이 가진 주택에서의 가장 큰 로망은 스스로 만든 옥상 정원이라 했어요. 가끔 나와 싸우고 나서, 퇴근 후 인생이 너무 팍팍하게 느껴질 때, 올라와서 캔맥주 한잔을 하며 쉬고 싶은 그런 옥상을 만들고 싶다 했어요.

그리고 그의 바람대로 텅 빈 공간이었던 옥상은 그의 노력에 비례해서 아름답게 가꾸어졌습니다. 사실 나는 주택으로 이사 온 후 아파트의 잘 꾸며진 화단이 계속 생각이 났습니다. 너무나 당연하게 느꼈던 아파트의 푸른 녹지가 이곳에는 없으니 아쉬운 생각만 들 뿐이었어요. 하지만 그의 노력 덕분에 꾸며진 옥상 정원. 우리 가족 모두는 주변의 부족한 녹지의 아쉬움을 달래며 시원한 봄 밤 텐트를 치고 계절을 즐기며, 더운 여름 수영장을 만들어 놀면서 이 보물 같은 옥상을 즐기며 살고 있습니다. 그를 이해하지 못했던 나는 옥상이 이렇게 좋은 곳임을 깨닫고 그의 노력을 더 응원하게 되었어요.

가끔 나와 다투면
그곳에서 내려올 생각을 하지 않지만요.

여보, 내려와. 이제 그만!

#11

집은 우리를 꿈꾸게 한다

마음에 드는 주거 형태를 찾고 그것을 실현하기 위해 주택에 왔습니다. 생각해보면 나는 주상복합 같은 번쩍번쩍한 높은 주거 형태보다 땅과 가까운 주거를 선호했으며, 대학 다니던 시절에 홍대 근처 예쁘게 리모델링하거나 가꾼 주택을 보며 부러워하곤 했어요. 그때부터 내가 좋아하는 주거 형태의 틀이 생기지 않았나 싶어요.

나는 시간을 품은 주택에 1층에는 멋스러운 카페나 공간, 그리고 그 위에 거주하는 집의 형태를 보면서 '이 집 주인은 참 좋겠다.'라는 생각을 했어요. 내가 원하는 대로 꾸미고, 내가 원하는 대로 가꾸어 갈 수 있는 적당한 크기, 다양하게 변모할 수 있는 다가구의 매력을 알게 된 후에 남편을 설득했고, 남편의 동의하에 그런 주택을 찾다가 이 집을 만났지요.

이 집은 대지 38평, 6m 북쪽 도로를 끼고 있으며, 사람들이 많이 다니는 B급 상권의 위치를 가지고 있었어요. 건물로는 지층(반지하)이 북쪽 도로로 창이 크게 나 있어서 나중에 근생(상가)으로 바꾸면 좋을 것 같다는 계획하에 우리는 이 집을 은행과 함께 매입하게 되었습니다.

현재는 반지하에 계약 만료일이 남아 있어서 계획을 실현하기 위해 기다리는 중입니다. 우리는 일차적으로 이사 전에 건물 외부를 페인팅하면서 수리를 하고, 내년에 지층 세입자분이 나가게 되면 이차 상가로 변경 공사를 하여 예쁜 카페나 베이커리를 이곳에 넣을 계획을 가지고 있어요. 높은 월세보다는 우리와 마음이 맞고 공간을 소중히 여기며 장사를 하는 사장님을 만나 우리 집을 예쁘고 보람차게 가꾸어 나가는 것이 우리의 목표입니다.

이 목표를 마음속에 품고 열심히 살아가던 지난 주말, 남편이 서울 숲 옆에 아뜰리에 길에 대한 기사를 읽었다면서 한번 가보고 싶다 했어요. 남편과 함께 간 아뜰리에 길에는 개성 있게 리모델링한 집들이 즐비했습니다. 대부분이 옛 흔적을 완전히 없애지 않고 현재와 과거가 공존하도록 리모델링한 센스 가득한 집들이었습니다. 이런 집들을 보면서 앞으로 우리가 지층을 상가로 변경을 한다면 어떤 식으로 디자인을 할지, 지층의 상가가 잘 해결된다면 후에 1층의 주택까지 작업실 혹은 쇼룸으로 어떻게 변모시킬지에 대해 끝없이 대화했습니다. 남들은 어떻게 고쳤는지, 어떤 자재를 썼는지, 우리는 어떤 방향으로 집을 또 리페인팅할지에 대한 대화는 정말 재미있었어요. 마치 어린아이 둘이 앞으로의 꿈을 꾸듯 미래에 대한 대화를 이어 나갔지요.

우리가 재미있게 대화를 이어나가면서 느낀 것은 집은 사람을 꿈꾸게 한다는 점이었어요. 우리가 낡은 다가구를 매입해 어떻게 변신시키며 삶을 이어갈지 꿈을 꾸고, 신혼에는 그 낡은 전셋집을 어떻게 채워 우리의 스타일로 변화시킬까를 고민하며 꿈을 꾸고, 혼자 자취할 때는 6평의 작은 공간에 어떻게 빈티지 보넌을 넣을 것인지 생각하며 꿈을 꾸었습니다.

어떻게 보면 우리는 계속 공간에 대한 꿈을 꾸고 있었는지도 모릅니다. 공간이 바뀌고, 한 살 한 살 나이가 들고, 삶의 변화에 맞춰 우리는 우리가 매일 보는 그 공간에 대한 꿈을 꾸고 있었지만, 스스로 몰랐던 것일지도 모릅니다.

결국 집은 어떤 형태든 늘 우리를 꿈꾸게 합니다. 현재의 우리가 서울의 한 귀퉁이에 조금 고쳤지만 낡은 이 다가구와 함께 새로운 꿈을 꾸는 것처럼 말이죠.
이 꿈이, 지금까지 그러했듯 힘들고 복잡하지만 결국에는 좋은 방향으로 이루어지기를 바라면서 오늘도 우리는 집에 대한 계획을 세우고 실현하려고 노력하는 중입니다.

Foreign Copyright:
Joonwon Lee
Address: 3F, 127, Yanghwa-ro, Mapo-gu, Seoul, Republic of Korea
3rd Floor
Telephone: 82-2-3142-4151
E-mail: jwlee@cyber.co.kr

집 가꾸는 그림 작가 이소발의 주택 셀프 인테리어&리모델링북
내가 꿈꾸는 그런 집

2020. 6. 5. 1판 1쇄 발행
2020. 6. 10. **1판 1쇄 인쇄**

지은이 | 이소현(이소발)
펴낸이 | 최한숙
펴낸곳 | BM 성안북스
주 소 | 04032 서울시 마포구 양화로 127 첨단빌딩 3층(출판기획 R&D 센터)
        10881 경기도 파주시 문발로 112 출판문화정보산업단지(제작 및 물류)
전 화 | 02) 3142-0036
        031) 950-6300
팩 스 | 031) 955-0510
등 록 | 1978.9.18. 제406-1978-000001호
출판사 홈페이지 | **www.cyber.co.kr**
도서 문의 이메일 주소 | heeheeda@naver.com
ISBN | 978-89-7067-383-7 (13590)
정가 | 16,800원

이 책을 만든 사람들
본부장 | 전희경
교정 | 북코디
본문·표지 디자인 | 디박스
홍보 | 김계향, 유미나
마케팅 | 구본철, 차정욱, 나진호, 이동후, 강호묵
제작 | 김유석

이 책의 어느 부분도 저작권자나 BM 성안북스 발행인의 승인 문서 없이 일부 또는 전부를 사진 복사나 디스크 복사 및 기타 정보 재생 시스템을 비롯하여 현재 알려지거나 향후 발명될 어떤 전기적, 기계적 또는 다른 수단을 통해 복사, 재생하거나 이용할 수 없음.

■ 도서 A/S 안내

성안북스에서 발행하는 모든 도서는 저자와 출판사, 그리고 독자가 함께 만들어 나갑니다.
좋은 책을 펴내기 위해 많은 노력을 기울이고 있습니다. 혹시라도 내용상의 오류나 오탈자 등이 발견되면 **"좋은 책은 나라의 보배"**로서 우리 모두가 함께 만들어 간다는 마음으로 연락주시기 바랍니다. 수정 보완하여 더 나은 책이 되도록 최선을 다하겠습니다.
성안북스는 늘 독자 여러분들의 소중한 의견을 기다리고 있습니다. 좋은 의견을 보내주시는 분께는 성안당 쇼핑몰의 포인트(3,000포인트)를 적립해 드립니다.
잘못 만들어진 책이나 부록 등이 파손된 경우에는 교환해 드립니다.